성공적인 디지털 전환DX을 위한
전략 지침서

발행일	2024년 5월 10일 초판 1쇄
지은이	윤커뮤니케이션즈 디지털미디어랩
펴낸이	심규남
기 획	이정선
표 지	책은 우주다　｜　**본 문** 이경은
펴낸곳	연두에디션
주 소	경기도 고양시 덕양구 삼원로 73 한일윈스타 지식산업센터 8층 809호
등 록	2015년 12월 15일 (제2015-000242호)
전 화	031-932-9896
팩 스	070-8220-5528
ISBN	979-11-93177-20-4 (03320)
정 가	18,000원

이 책에 대한 의견이나 잘못된 내용에 대한 수정정보는 연두에디션 홈페이지나 이메일로 알려주십시오. 독자님의 의견을 충분히 반영하도록 늘 노력하겠습니다.
홈페이지 www.yundu.co.kr

※ 잘못된 도서는 구입처에서 바꾸어 드립니다.

세상을
변화시키는 DX 플랫폼

2024
디지털 대전환의 시대

윤커뮤니케이션즈 디지털미디어랩 지음

 성공적인 디지털 전환DX을 위한
전략 지침서

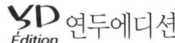
연두에디션

추천사

<DX 2024 디지털 대전환의 시대. 세상을 변화시키는 DX 플랫폼>은 독자들이 복잡한 주제를 쉽게 이해할 수 있도록 친절한 설명으로 접근한다. 디지털 전환, 생성형 AI, 클라우드 네이티브, RPA(로봇 프로세스 자동화) 등 다양한 기술들이 비즈니스와 산업 전반에 미치는 영향에 대한 명쾌한 통찰력도 제공한다.

이 책은 윤커뮤니케이션즈 디지털미디어랩이 출간한 두 번째 책으로, 초보자부터 전문가까지 다양한 독자층에게 적합하며, IT 분야에서 경쟁력을 유지하고 발전시키고자 하는 모든 이들에게 꼭 필요한 도서이다.

통찰력과 전문성이 담긴 <DX 2024. 디지털 대전환의 시대. 세상을 변화시키는 DX 플랫폼>은 미래의 DX 플랫폼을 이해하고 적용하는 데 큰 도움이 될 것이며, 독자들에게 새로운 가능성을 열어줄 것이다.

게티이미지코리아 박건원 대표이사

이 책은 2024년 현재 IT 산업의 핵심 트렌드를 정확히 파악하고자 하는 모든 이들에게 꼭 필요한 자료이다. 디지털 대전환 시대의 IT 생태계를 이끌고 있는 주요 주제들을 체계적으로 다루고 있다.

윤커뮤니케이션즈 디지털미디어랩은 최신 기술과 경향을 정확하게 파악하고 이를 쉽게 이해할 수 있는 방식으로 전달하여, 독자들이 현업에서 실제로 활용할 수 있는 유용한 통찰력을 제공한다.

이 책은 미래를 준비하는데 필수적인 도구로서, IT 업계의 전문가부터 비전을 가진 비전공자까지 누구에게나 강력히 추천할 만한 가치 있는 책이다.

아주대학교 경영대학원 성민제 원장

코로나로 시작된 팬데믹 기간 가속화된 모든 산업구조의 변화와 발전은 2024년을 맞아 IT 산업을 중심으로 더 빠른 속도와 규모로 발전하고 있다. 이 책은 이러한 변화의 핵심을 파악하고자 하는 모든 이들에게 필수적인 가이드가 되어준다.

DX 플랫폼, 생성형 AI, 슈퍼앱, 디지털헬스케어 등 다양한 주제를 다루면서도, 이 책은 단순히 기술적인 측면 뿐 아니라, 이러한 기술이 비즈니스와 사회에 미치는 영향에 대해서도 심도 깊고 알기 쉽게 설명해 주고 있어, 독자들이 미래를 대비하고 새로운 기회를 발견하는 데 도움이 될 것이다.

최신 트렌드와 전문적인 분석을 통해 미래를 열어가는데 필요한 방향을 제공하는 이 책은 IT 산업의 혁신을 선도하고자 하는 모든 이에게 강력히 추천한다.

주식회사 아이센트릭 김민용 대표

인공지능, 로봇, 클라우드 그리고 디지털 전환까지 오늘날 IT 환경은 하루가 다르게 변하고 있다. 그 중에서도 디지털 전환은 현대의 기업들이 새로운 경쟁 환경에서 살아남기 위해서 반드시 거쳐야 하는 과정이다.

<DX 2024. 디지털 대전환의 시대. 세상을 변화시키는 DX 플랫폼>은 오늘날의 기업들이 직면한 디지털 전환에 대처하고, 미래를 대비하여 지속적인 성장과 발전을 이루는 데 도움이 되는 책으로, 비즈니스 리더부터 디지털 전환에 관심을 갖는 넓은 독자층에게 추천하는 책이다.

한국전자기술연구원 책임연구원 김성제 박사

프롤로그

"디지털 전환(DX), 이제 불가항력적인 상황"

생성형 AI의 급격한 발전으로 IT 산업은 전례없는 속도와 규모로 발전하고 있다. 이전에는 상상할 수 없었던 디지털 혁신들이 현실이 되고, 우리의 세상은 이전과 다른 방식으로 변화하고 있다.

여전히 우리 사회에는 디지털 전환이 이뤄지지 않은 분야가 많지만, 코로나 이후 많은 이들에게 디지털 전환은 이제 불가항력적인 상황이다. 피할 수 없는 시대적 변화에 저항하느냐, 적응하고 진화하느냐는 우리들의 선택인 것이다.

디지털 전환은 인터넷 혁명 시대라고 불리는 1990년대 처음 등장한 개념으로, 디지털 기술을 사회 전반에 적용해 전통적인 사회 구조를 혁신한다는 뜻을 담고 있다. 단순한 기술 혁신과 달리, 기업 경영 전반에서 광범위하게 이루어지며 비즈니스 모델을 변화시킨다.

디지털 전환은 인공지능(AI), 클라우드, 빅데이터 등 여러 디지털 기술을 통해 상품, 서비스, 프로세스, 운영방식 등을 혁신하고, 나아가 기존 방식과는 전혀 다른 새로운 디지털 기반의 비즈니스 모델로 전환하는 지속적인 과정이라고 할 수 있다.

오늘날 기업들은 디지털 전환 시대의 생존을 위해 저마다 고유한 DX 전략을 추진 중이다. 이러한 디지털 전환에 성공하는 기업들은 새로운 고객 가치와 경험을 제공할 수 있다. 축적된 디지털 기술을 활용해 고객을 이해하고, 새롭게 관계를 형성함으로써 고객별 맞춤형 상품을 제공할 수 있기 때문이다.

뿐만 아니라 고객의 니즈를 파악해 그에 맞는 상품과 서비스를 제안하거나 자신이 원하는 것을 알지 못하는 고객에게 필요한 구매 정보를 제공해줄 수도 있다. 이는 고객의 니즈나 취향, 행동 방식에 얼마나 민첩하게 대응하는지가 기업의 성패를 좌우하기 때문이다. 이러한 개인화 서비스를 통해 충성고객 집단을 만들면, 기업 경쟁력이 커지고 지속 가능한 수익이 발생될 수 있다. 해외에서는 이미 여러 분야의 글로벌 기업들이 자신만의 전략으로 디지털 전환에 성공했다.

이처럼 디지털 전환은 더 이상 선택 사항이 아니다. 디지털 전환을 통해 기업은 비즈니스 모델을 변화시킬 수 있고, 우리가 생활하는 방식을 바꾸며, 새로운 도전을 가능하게 한다.

이 책은 디지털 전환의 본질을 탐구하고, 어떻게 기업과 개인이 이러한 혁신에 적응하고 성장할 수 있는지에 대해 다룬다. 단순히 기술적인 측면뿐만 아니라, 이러한 기술이 비즈니스와 사회에 미치는 영향에 대해서 이해하기 쉽게 설명하여, 독자들이 미래를 대비하고 새로운 기회를 발견하는 데 도움이 될 것이다.

〈DX 2024 디지털 대전환의 시대. 세상을 변화시키는 DX 플랫폼〉이

급변하는 IT 환경을 이해하는 데 도움을 주고, 성공적인 디지털 전환을 위한 전략 지침서가 되길 바란다.

2024년 3월
IT 트렌드 리더 윤여주

새로운 시대의 새로운 시작

'시간'이라는 개념이 생긴 이래 시간은 인간을 단 한 번도 배신한 적이 없습니다. 시간이 짧고 느리게 흐른다는 건 인간 개개인의 감성이나 표현에 불과할 뿐 시간은 언제나 일정한 속도로 흐릅니다. 또, 누구에게나 공평하고요. 오늘과 내일의 시간상 거리는 24시간입니다. 절대불변인 강과 산도 10년 주기로 뒤바뀐다고 하고, 한 세대에서 다음 세대와의 시차는 30년 간격으로 계산합니다. 이렇게 구체적으로 말할 수는 없겠지만 현재와 미래의 시차도 아마 그즈음으로 멀리 떨어져 있을 것입니다. 그러나 요즘은 오늘 다음에 내일이 오는 것이 아니라 먼 미래가 바짝 다가온 것만 같습니다. 인공지능의 폭발적인 발전으로 새로운 기술이 하루가 다르게 개발되고 일상에 적용되고 있습니다. 기업의 발전과 성장, 그리고 인류의 생존은 이제 기존과는 다른 방식으로 진행될 것이고 이 거대한 변화를 우리는 '디지털 전환'이라고 부르기로 했습니다.

"2024년 IT 트렌드 책을 쓰고 있는데, 이 책의 프롤로그를 써줘. 인공지능을 중심으로 한 디지털 혁신과 디지털 전환을 주제로 담고 있어."

윤커뮤니케이션즈 'DX 2024 디지털 대전환의 시대. 세상을 변화시키는 DX 플랫폼' 책의 서문을 오픈AI 챗GPT에게 부탁했습니다. '인공지능을 중심으로 한 디지털 혁신' '디지털 전환'이 제가 제시한 키워드의 전부고, 원고 원문은 보여주지 않았습니다. 저 두 개의 키워드만으로 챗GPT는 어떤 서문을 써왔을까요? 이 친구가 1초만에 내놓은 원고는 이렇습니다. 제목은 '새로운 시대의 시작'이라고 잡았네요. 저희는 이 제목을 살짝 다듬어 이렇게 정해보겠습니다. '새로운 시대의 새로운 시작'으로요.

'2024년, 우리는 더욱 놀라운 기술적 혁신과 디지털 전환의 중심에 서 있습니다. 인공지능이라는 놀라운 힘은 우리의 사회, 경제, 그리고 삶의 모든 영역에 혁명적인 변화를 불러왔습니다. 이 책은 이 첨단 기술의 중심에서 벌어지고 있는 혁신적인 변화와 그 영향에 초점을 맞추어, IT 분야의 트렌드와 동향을 탐험합니다.

디지털 혁신은 우리의 생활 방식을 완전히 바꾸고 있습니다. 스마트한 기기들은 우리 주변에 존재하며, 우리의 의사결정, 소통, 그리고 업무 방식을 변화시키고 있습니다. 통신 기술의 발전은 세계 각지에 있는 사람들을 더욱 가깝게 이어주며, 정보의 공유와 교류가 더욱 활발해지고 있습니다.

이 책에서는 특히 인공지능이 혁신의 중심에 서 있는 모습을 조망합니다. 머신러닝, 딥러닝, 자연어 처리 등 다양한 인공지능 기술은 우리의 일상에서 더욱 통합되어 있습니다. 스마트 시티, 의료 분야의 혁신, 비즈니스 프로세스의 자동화 등 다양한 분야에서 인공지능은 뛰어난 성과를 거두고 있습니다.

그러나 이러한 기술의 도래는 동시에 윤리적, 사회적인 고민을 불러일으

키고 있습니다. 개인정보 보호, 인공지능의 공정성, 일자리의 변화 등에 대한 이슈들은 우리가 이 기술을 어떻게 수용하고 조절할지에 대한 고민을 불러일으킵니다.

이 책은 이런 중요한 주제들을 다루며, 기술의 발전이 가져온 혁신의 파급효과와 동시에 발생하는 문제들을 탐구합니다. 미래를 향한 여정에서 우리는 새로운 도전에 맞서고, 지혜롭게 기술을 이용해 세계를 더 나은 곳으로 만들어 나갈 것입니다. 이 책이 여러분에게 새로운 시야를 열고, 미래에 대한 흥미로운 질문들을 던지는 계기가 되기를 기대합니다.

원고를 보여준 것이 아님에도 챗GPT는 제 질문 한 줄 만으로 제가 여러분께 보여드리고 싶었던 책의 서문을 어느 정도 완성도 있게 뽑아냈습니다. '디지털 혁신은 우리의 생활방식을 완전히 바꾸고 있습니다' '스마트한 기기들은 우리 주변에 존재하며 우리의 의사결정, 소통, 그리고 업무 방식을 변화시키고 있습니다' '머신러닝, 딥러닝, 자연어 처리 등 다양한 인공지능 기술은 우리의 일상에 더욱 통합돼 있습니다' '스마트시티, 의료분야의 혁신, 비즈니스 프로세스 자동화 등 다양한 분야에서 인공지능은 뛰어난 성과를 거두고 있습니다'같은 부분은 실제로 우리 책에서 중요하게 다룰 부분입니다. 인공지능은 어쩌면 우리가 생각한 것 이상으로 진화에 진화를 거듭해 시공간 개념을 이미 초월해 있는 상태에 이르러있는 것일지도 모르겠습니다.

윤커뮤니케이션즈는 국내 최초 SW분야 디지털 전환 통합 플랫폼 기업입니다. 자체 개발한 기술로 기업의 디지털 전환을 지원합니다. 윤커뮤니케이션즈는 지난해부터 '세상을 변화시키는 IT 기술'을 주제로 트렌드 책을 출간하기 시작했는데, IT 비전문가들도 쉽게 읽을 수 있게 IT 트렌드의 경향성과 추세가 반영된 정보를 제공하고 있습니다. 우리가 이 책을 낸 이유는 명확합니다. 이제 디지털 전환은 더 이상 디지털 전문가들 만의 미래가 아니기 때문입니다. 그동안 디지털이 인간의 삶을 조금 더 편리하게 살아갈 수 있도록 도와주는 역할이었다면 현재 우리에게 닥친 디지털 전환의 세상은 디지털이 인공지능과 빅데이터를 기반으로 선제적으로 인간의 삶에 개입할 것입니다. 올해엔 이 부분에 더욱 주안점을 두고 책을 만들었습니다.

책의 내용은 크게 두 가지로 구성했습니다. 우선 첫 번째는 '디지털 전환'이 무엇인지, 어떻게 흘러왔고, 앞으로 어떻게 흘러갈 것인지를 설명했습니다. 디지털 전환의 거대한 흐름을 우리나라가 '디지털 플랫폼 정부 구현'이라는 거대한 사업으로 받아들이고 어떻게 수행해나갈지를 짚어봤으며, 이 시스템 구축에 가장 필요한 '클라우드 네이티브 컴퓨팅' 시스템에 대해 서술했습니다.

두 번째는 현재의 IT 트렌드입니다. 두 번째 파트에서는 스스로 학습하고 새로운 콘텐츠를 만들어 필요한 곳에 제공하는 생성형 AI와 로봇, 디지털 헬스케어에 주목해 최근의 트렌드를 모아봤습니다. AI

가 없앨 일자리들은 단순한 제조, 물류 분야일 것이라는 예측과 다르게 AI가 가장 먼저 위협한 일자리는 다름아닌 의사, 변호사, 회계사 등 고소득 전문직이었습니다. 그리고 글쓰기와 그리기 등 인간 고유의 창작 영역도 불안한 상황입니다. 생성형AI가 특정 계층의 인간을 최소한 직업으로 위협한다면, 한편으론 AI가 장착된 로봇과 디지털 헬스케어 기기들은 인간 삶의 질을 더욱 고차원적으로 끌어올릴 것이 분명합니다. 아직까진 명암이 분명한 AI와의 공존에 대한 이야기를 함께 읽어주시길 당부드립니다.

이와 더불어 우리가 실생활에서 쓰기 좋은 앱과 프로그램도 전문가들이 엄선해 추천해놓았으니 유용하게 읽어주시면 좋겠습니다.

우리에게 이제 익히 알려진 Open AI의 창립자 일론 머스크는 "고도로 발달된 인공지능이 인류를 위협할 것"이라고 경고했습니다. 〈사피엔스〉로 우리나라에 알려진 역사학자 유발하라리는 "AI의 위험은 사전 예측이 불가능하다"라며 "AI때문에 재앙같은 세계 금융위기가 터질 수 있다"고 우려했죠. 또한 유럽연합은 지난해 챗GPT 등장 이후 더욱 강화된 인공지능 규제 법안의 초안을 통과시켰습니다. 최종 통과까지는 긴 시일이 걸릴 수 있겠으나 각국이 인공지능의 발전을 제한할 수 있는 최초의 법률 마련을 위한 위대한 첫 걸음이 시작된 것입니다. 고도화된 인공지능과 공존해야 할 미래에 대한 전문가들의 우려가 끊임없이 이어지지만, 공존은 이미 다가온 미래입니다. 하루가 다르게 바뀌는 디지털 세상의 흐름의 일부를 돌아볼 수 있는 길라잡이로 이 책이 역할하길 바랍니다.

차례

---------- 디지털 전환DX ----------

PART 1   이제 모든 기업은 '디지털' 기업이다 : '디지털 전환'   27

- AI전문기업은 AI혁신상을 못받았다   29
- 디지털 전환 없었으면 넷플릭스도, 스타벅스도 없었다   36
- 육아용품 업체도 공공기관도 디지털 전환한다   42
- 대기업말고, 공기업말고 중소기업도 '디지털 전환' 필요할까?   50
- 디지털 전환을 지원하는 'DX 플랫폼'   52
- 'DX 플랫폼' 도입 사례   55
  - 효율적인 의료 서비스를 위한 '앙카라 시립 병원'의 디지털 혁신   55
  - DX 플랫폼으로 쉽고 빨라진 '에티하드항공'의 공항 수속   56
  - 전 세계 어디서도 고객 데이터에 접근할 수 있게 된 '3M'   58
  - DX 플랫폼으로 아동권리증진 선제적 대응 업무체계 마련   59
  - DX 플랫폼으로 대한민국 2만 '중소/벤처기업' 담당자의 업무시간을 단축시키다   60
  - 오프라인으로만 가능했던 '한국교직원공제회' 금융·복지 서비스를 온라인으로   62

| PART 2 | 사례로 보는 민·관의 디지털 전환 | 65 |

- **국회와 서울시청에 'AI 로봇공무원'이 등장했다** — 67
  - 4개 국어가 가능한 국회 1호 로봇공무원 '국회큐아이' — 67
  - 서울시청 로봇 주무관 '로보관'...문서배달·민원안내 — 68
  - 두 손을 자유롭게, 교통카드 '태그리스(Tagless)' — 70

- **'보험왕'은 이제 사라진다, 대출도 더 쉽고 빠르게** — 73
  - 한화생명금융서비스 디지털 플랫폼 '오렌지트리'로 영업 지원 — 73
  - 보험업법 시행령 개정, 보험업계의 디지털 전환 가속 — 75
  - AI기반 고객센터 오픈 교보생명, — 77
  - 보험청구 서류 심사 AI가 대신하는 한화생명

- **상품 들고 나오면 자동 결제... 인공지능(AI) 스마트 편의점** — 79
  - 사람 없이 인공지능만으로 완벽한 무인 편의점 구현한 GS25 — 79
  - 입장-쇼핑-계산 빠르게 이마트24 스마트 코엑스점 — 81
  - 테크 프렌들리 실현하는 CU — 83

- **로봇·AI 기술로 입고·보관·출고까지 모두 자동으로 처리하는 '스마트 물류'** — 85
  - 물품의 입고·보관·출고까지 모두 자동으로 처리하는 '스마트MFC' — 85
  - 차세대 물류 로봇으로 스마트 물류 실현 — 88
  - 산업용 로봇·스마트 물류로 무인화·지능화·가상화 구현 — 90

PART 3 대한민국은 이제 디지털플랫폼정부다 … 93

- 이런 세상은 더 이상 편하지 않다 … 95
- 국민의 민원, 정부의 서비스 … 101
  이제 '디지털 플랫폼' 위에서 한 번에 끝낸다
- 디지털플랫폼정부 실현 핵심과제 DPG허브, … 106
  그리고 클라우드 네이티브
- 클라우드 네이티브 도입 사례 … 115

IT 트렌드 2024

PART 4 생성형AI는 인류의 동반자일까, 침략자일까 … 127

- 인공지능이 가장 먼저 빼앗을 직업 '의사' … 129
- 챗GPT 때문에 스파이더맨4 개봉 미뤄졌다 … 133
- AI시대의 영상 "찍지말고 쓰세요" … 136
- 엔비디아 CEO "다시 대학간다면 내가 선택할 전공은 '생물학'" … 144

- 생성형AI 활용 이모저모　　　　　　　　　　　　　　146
  - 금융·보험업(10.1%)이 생성형 AI 활용 가장 높아　　　146
  - 한국 근로자의 약 67%가 업무에 생성형 AI 활용 전망　　147
  - 생성형 AI, 성공적으로 적용하려면　　　　　　　　149
- 인공지능은 언젠가 사람을 뛰어넘을까?　　　　　　　150
- 공부의 신 가라사대 "공부 안 해도 되는 세상 온다"　　154

PART 5 로봇　　　　　　　　　　　　　　　　　　　159

- 로봇가사도우미가 온다　　　　　　　　　　　　　　161
  - 일은 빠르게, 비밀엄수는 철저하게　　　　　　　　164
- RPA 적용 사례　　　　　　　　　　　　　　　　　166
  - '문서 배부 업무 자동화'를 통해 업무 부담 감소　　　166
  - 수기작업 업무 자동화를 통해 누락, 오류 최소화　　　166
  - 로봇 1,000대로 이룬 물류 혁신 '쿠팡 최첨단 물류센터'　167
  - 로봇이 주차하고, 택배 배송까지! 네이버·현대차의 '로봇 친화 빌딩'　170

PART6 디지털 헬스케어   177

- 삼성·애플 이제 반지까지 만드네   179
- 디지털 헬스케어 해외 사례   182
- 카카오도 네이버도 디지털 헬스케어 적극 투자   191

PART 7 앱 하나로 해결한다! '슈퍼앱'의 위력   195

- 하이퍼로컬 슈퍼앱 '당근마켓'   198
- 금융 분야 슈퍼앱 '토스'   199
- 라이프스타일 슈퍼앱 '오늘의 집'   200
- 카셰어링부터 숙박시설 예약까지! 원스톱 슈퍼앱 '쏘카'   202
- 은행도 기능·서비스 모은 종합금융 '슈퍼앱'   204

PART 8 알아두면 유용한 앱 시리즈 209

1 "앱껴야 잘살죠" 알아두면 유용한 돈버는 '앱테크' 211
2 설치해 두면 유용한 리워드 앱 추천 216
3 알아두면 유용한 정부 공공 앱 시리즈 222
4 직장인이 알아두면 유용한 앱 시리즈 228
5 건강 관리도 똑똑하게! 디지털 헬스케어 앱 추천 234
6 자기계발 도와주는 유용한 앱 추천 241
7 설날·추석 명절 유용하게 사용할 앱 추천 245

디지털 전환 DX

PART 1   이제 모든 기업은 '디지털' 기업이다
           '디지털 전환'

PART 2   사례로 보는 민·관의 디지털 전환

PART 3   대한민국은 이제 디지털플랫폼정부다

PART 1

이제 모든 기업은 '디지털' 기업이다

'디지털 전환'

전 세계 굴지의 기업이 모이는 CES에 올해 신설된 '인공지능 부문' AI혁신상 수상 기업 중 AI관련 기업은 단 한 곳도 없다는 사실에 주목해야 한다. 상을 받은 기업 모두 자신의 고유한 기술에 AI를 접목해 익숙하지만 새로운 변화를 만들어냈다. 기업뿐만 아니다. 우리의 일상도 조금씩 천천히 '디지털 전환'을 해나가고 있는 중이다. 디지털 전환은 우리가 받아들여야 할 갑작스런 미래가 아닌 이미 시작되어 천천히 스며든, 퍽 가까운 미래다.

AI전문기업은 AI혁신상을 못받았다

2024년 1월 9일부터 12일까지 미국 라스베이거스에서 열린 CES-2024(Consumer Electronics Show). CES2023 대비 15% 더 커진 250만 제곱피트 대규모 전시장에서 전 세계 150개국에서 모인 4,300개 이상의 기업이 부스를 꾸렸다. 코로나 팬데믹 공식 종료 후 열린 최대규모 박람회에 걸맞게 공식 집계된 참가자 수만 해도 13만 5,000명 이상. 미국의 경제 및 비즈니스 매거진 '포춘'(Fortune)지가 선정한 500대 기업의 60%가 참가하고, 250개 이상의 컨퍼런스 세션에 1,000명 이상의 연사가 등장했다. 5,000개 이상의 글로벌 미디어 및 콘텐츠 크리에이터가 참석해 CES2024 소식을 앞다퉈 전했고, 2만 5,000개 이상의 미디어 콘텐츠가 CES2024 관련 콘텐츠에 1,600억 회 이상의 노출을 이끌어냈다. CES2024 혁신상 프로그램에는 사상 최고치인 3,000개 이상의 작품이 출품됐다.

올해 CES2024의 핵심 주제는 'All On'으로 '기술이 모든 곳에 스며든다'는 의미를 담았다. CES2024의 주관사인 미국소비자기술협회 CTA(Consumer Technology Association)는 올해 행사를 개최하며 '인공지능'을 핵심 기술 가치로 꼽고, 혁신상 수상 분야에도 인공지능 분야를 신설했다. 그러나 여기서 놀라운 사실 한 가지. CES혁신상은 하드웨어, 보안, 헬스케어 등 혁신 제품 서비스에 수여되는 상인데, 올해 신설된 AI 부문에서 수상한 28개 기업 중 'AI 전문기업'은 오히

CES2024의 핵심 주제는 'All On'으로 '기술이 모든 곳에 스며든다'는 의미를 담았다.
출처: CTA

러 없었다는 점이다. AI 혁신상을 받은 업체는 분리수거 로봇 업체, 비만관리 업체, 웹툰용 소프트웨어 개발 업체, 인테리어 업체 등이다. 이들 기업은 각자의 영역에 AI를 결합한 제품으로 CES혁신상을 받은 것이다.

CES는 평범한 박람회가 아니다. 굴지의 국제적 기업이 자신들의 무기를 세상에 꺼내놓고 미래 혁신을 논하는 자리이자, 아이디어와 새로운 기술로 똘똘 뭉친 신종 스타트업이 새로운 미래를 제시하는 자리다. CTA는 CES2024 보도자료를 발표하며 아예 '우리의 미래를 정의하는 글로벌 플랫폼(CES 2024: The Global Platform Defining Our Future)'이라고 제목을 통해 행사의 의미를 선언했다. 전 세계의 관심이 쏠릴 수밖에 없는 행사인데, 이 자리에서 인공지능 분야의 세계적 석학으로 알려진 앤드류 응(Andrews Ng)교수는 "AI는 한 가지에만 유용한 것이 아닌 전기처럼 다른 범용기술로 다양하게 사용되고 있다"고 천명했다. 두산그룹 박정원 회장은 'Our Planet, Our Future' 주제로 전시부스를 운영하고 "AI 기술은 IT 기업의 전유물이 아님"을 분명히 했다. 여기에 "건설기계는 물론 다른 모든 사업 분야에서도 AI기술을 적극 활용해야 한다"고 AI확산 필요성과 각 기업의 디지털 전환 필요성을 강조했다. 즉, CTA가 올해 CES의 핵심 주제로 'AI'를 내세우긴 했지만 사실 행사의 본질은 AI만이 아니다. 결국은 인공지능을 필두로한 디지털 전환은 이제 각 산업과 기업이 거스를 수 없는 일이 됐음을 보여주는 것이었다.

디지털 전환이란 무엇일까. 우선 사전적 의미는 이렇다. 클라우드 컴퓨팅, 빅데이터 분석, 인공지능, 사물인터넷(IoT), 자동화 등과 같은 디지털 기술을 도입해 비즈니스 프로세스를 최적화하는 것을 일컫는다. 다양한 디지털 기술을 도입하고, 데이터를 효과적으로 활용한 의사결정을 내리며, 고객의 경험을 확대하고, 생산성을 향상시키는 것을 디지털 전환이라고 말한다. 나아가 디지털 전환 기업은 고객의 필요를 충족시키는 것을 넘어, 고객이 필요한 걸 먼저 파악해 그에 맞는 상품과 서비스를 제시한다. 디지털을 활용해 데이터를 축적하고, 그에 기반한 결정을 내리며, 고객을 이해하고, 기존과 다른 새로운 관계를 형성하며 맞춤형·개인화서비스를 제공하고, 지속가능한 수익과 성장을 내는 것이 디지털 전환의 사전적 의미라고 볼 수 있다.

디지털 전환은 일시적인 현상이 아니라 단계별로 진화·확장하는 개념이다. 디지털 전환은 인터넷이 본격 도입된 1990년대 말 디지털 인프라 구축 단계를 거쳐 인터넷 기반의 상거래 및 마케팅이 활발해진 2000년대 초 디지털 비즈니스 추진 단계, 그리고 2010년대 초 정보통신기술의 고도화에 힘입어 현재 산업 전반을 혁신하는 디지털 트랜스포메이션 단계로 크게 볼 수 있다. 디지털 기술과 이에 따른 사회와 산업변화 순서가 디지트화(digit) → 디지털화 → 디지털 전환의 순서로 이뤄진 것이다.

디지트화의 목표는 단순하다. 아날로그를 디지털로 저장 형식을 변경하는 것 뿐이다. 수만 권의 책을 TXT파일로, 수만 장의 그림을 JPG파일로, 수만 개의 음반을 MP3파일로, 수만 개의 비디오테이프를 MPEG로 변환해 지정된 곳에 저장하면 된다. 디지털화는 여기에 더 확장된 개념이긴 하나 산업에 변화나 새로운 성장동력을 가져오기보다는 업무 프로세스 자동화에 그 목적이 있다. 사람이 일일이

숫자판을 두드려 계산하던 것을 엑셀 수식 하나만으로 끝낼 수 있게 된 것이 대표적인 디지털화다. 은행에서 거래명세서를 종이가 아닌 온라인 파일로 주는 것, 공과금 청구서가 이메일이나 스마트폰으로 전송되는 것, 회사 내 종이문서를 없애고 전자 형식으로 관리하는 것, 수작업으로 하던 재고관리를 자동화 시스템으로 처리하는 것 모두 디지털화다.

그러나 디지털 전환은 '새로운 가치 창출'에 더 큰 목표가 있다. 즉 디지털 기술의 개인, 조직, 사회적 적용을 넘어 이로부터 촉발되는 모든 현상을 포괄한다. 후에 자세히 서술하겠지만, 로봇과 인공지능으로 물류센터 자동화에 성공한 쿠팡은 새벽배송이라는 유통계에 대대적 혁신을 이뤄내 미국 나스닥시장 상장에 성공했다. 생필품, 가구, 먹거리, 학용품까지 당장 필요한데 바로 사러갈 수 없을 때 우리집 문 앞까지 가져다주는 서비스가 있다는 건 '분초사회'를 살아가는 현대인들에겐 없어선 안 될 필수불가결 서비스가 됐다. 다음 날 아침에 당장 먹일 분유가 똑 떨어졌을 때, 갑자기 애가 "내일 학교에 실로폰을 새로 사서 가져가야 한다"고 말할 때, 심지어 스마트폰이 갑자기 고장났을 때도 쿠팡 새벽배송이면 걱정이 없다. 눈이 오나 비가 오나 바람이 부나 쿠팡맨은 어지간하면 새벽배송 약속을 어기지 않는다.

쿠팡의 디지털 전환 성공은 오프라인 매장의 축소라는 현상을 가져왔고 오아시스 생협, 마켓컬리 등 유기농 식자재 매장의 새벽배송, 샛별배송 서비스 도입을 유인했다. 이들은 이렇게 구축된 새벽배송 서비스를 기반으로 먹거리 외에 생필품, 전자기기, 카시트 등 육아용품, 가구 등으로 사업을 확장했으며 오프라인 매장은 '경험'과 '체험'을 위한 공간이라는 소비자의 인식을 견고하게 했다. 쿠팡의 디지털 전환은 부동산 시장에도 영향을 미치기 시작했는데, 이를테면 초등학교 등 학군 접근성과 지하철역 등 교통 인프라로 평가되던 '집값'에 '쿠팡 새벽배송이 가능한 지역인지 아닌지'도 영향을 미치기 시작하면서 "우리 지역에도 쿠팡 새벽배송 와주세요" "여기에도 사람 살아요" 등의 민원이 이어지고 있다.

디지털 전환의 영향에서 벗어날 수 있는 산업은, 단언컨대 없다. 아무리 오프라인 비즈니스 성격이 강해도 고객, 공급망, 생산과정에서 온라인 접점이 없을 수 없다. 코로나19 이후 보스턴컨설팅그룹이 '코로나19 발생 이후 기업의 디지털 전환에 대한 태도 변화'를 조사한 결과 77%가 '디지털 전환 긴급성이 높아졌다'고 응답했다. 제조업에선 80%의 기업이 이와 같은 문항에 동의했다. 2024년은 '디지털 심화시대'가 본격화하면서 모든 산업군에서 디지털화가 일상으로 자리잡고, 이로 인한 디지털 전환에 속도가 붙을 전망이다. 도태되지 않고 살아남으려면 기업은 디지털 전환 전략을 세울 수밖에 없다. 사실 이미 우리가 아는 많은 기업들이 디지털 전환에 나섰고, 성공했고, 그런 과정에 있고, 많은 스타트업들은 아예 디지털을 기반으로 자신의 영역을 구축하고 있다. 구체적인 예를 들어보면 이렇다.

> **TIP**
>
> **'디지털 심화시대'란?**
>
> 한국지능정보사회진흥원에 따르면 디지털 심화시대란 디지털 기술과 활용이 국가사회 운영과 개인 활동 전반에 내재화되어 누구나, 언제 어디서나 디지털의 혜택을 받는 시대를 말한다. 정보통신기획평가원 2024 정보통신기술(ICT)10대 쟁점 중 하나로 '디지털 심화'가 꼽혔는데, 2024년은 디지털 전환을 넘어 디지털 심화 시대에 '현실이 된 디지털의 미래'를 체감할 해가 될 것이라고 보는 게 전문가들의 주장이다. 정부는 현재 새로운 디지털 질서의 기본 방향인 '디지털 권리장전'을 바탕으로 구체적인 디지털 질서 정립 추진계획을 발표하고 실행할 계획이다.
>
>

디지털 전환 없었으면 넷플릭스도, 스타벅스도 없었다

우리 일상에서 찾아볼 수 있는 대표적인 기업 디지털 전환의 교과서 같은 사례이자 역사, 바로 넷플릭스다. 넷플릭스는 원래 DVD 대여 서비스를 운영하던 사이트였다. 넷플릭스의 '디지털 전환'은 사실 우연한 계기로 일어났는데, 2008년 넷플릭스 가입자가 급속도로 증가하던 시기, 넷플릭스 자체 데이터센터에 문제가 생겨 전체 서비스가 다운되는 대형 사고가 발생했다. 이 사고로 무려 3일이나 넷플릭스의 DVD 배송이 중단됐다. 당시 넷플릭스 경영진은 이제 자체 데이터센터만으로는 빠르게 증가하는 데이터양과 트래픽을 감당하기 어렵다고 판단, 기업 시스템을 '퍼블릭 클라우드(Public Cloud)'로 이전하는 전략을 수립했다. 이후 넷플릭스는 새로운 콘텐츠와 기능, 인터페이스를 출시하며 고객의 요구에 민첩하게 대응했다. 특히 넷플릭스는 전 세계적으로 외출이 금지되고 도시가 봉쇄된 코로나 팬데믹 시기 그 가치를 발휘하여, 2020년 4분기 유료회원 2억 명을 돌파했다. 넷플릭스의 시작이었던 DVD 대여 서비스는 2023년 9월 종료됐다. 1997년, 창업자인 리드 헤이스팅스가 DVD를 빌렸다가 연체료로 40달러를 냈던 사건에서 시작된 DVD 우편배달 서비스가 디지털 전환 이후 대장정의 막을 내린 셈이다. 그러나, 막을 내린 곳은 DVD 대여시장뿐이 아니었다. 넷플릭스 등 OTT 서비스의 확장은 극장가의 유례없는 불황도 초래했다. 이제 영화는 '넷플릭스용'과

넷플릭스의 DVD 배송 대여 서비스를 상징하던 '빨간 봉투'.
출처: 워싱턴포스트

'극장용'으로 나뉜다. 예술성, 상업성, 출연배우와 상관없이 말이다. 넷플릭스의 디지털 전환이 영화 산업의 판도를 바꿔놓은 셈이다.

모르는 사람들도 있겠지만 스타벅스도 망할 뻔했다. 그러나 망하기 일보 직전의 스타벅스를 다시 업계 1위로 끌어올린 것도 디지털 전환이다. 2008년 스타벅스는 성장 정체를 벗어나지 못했

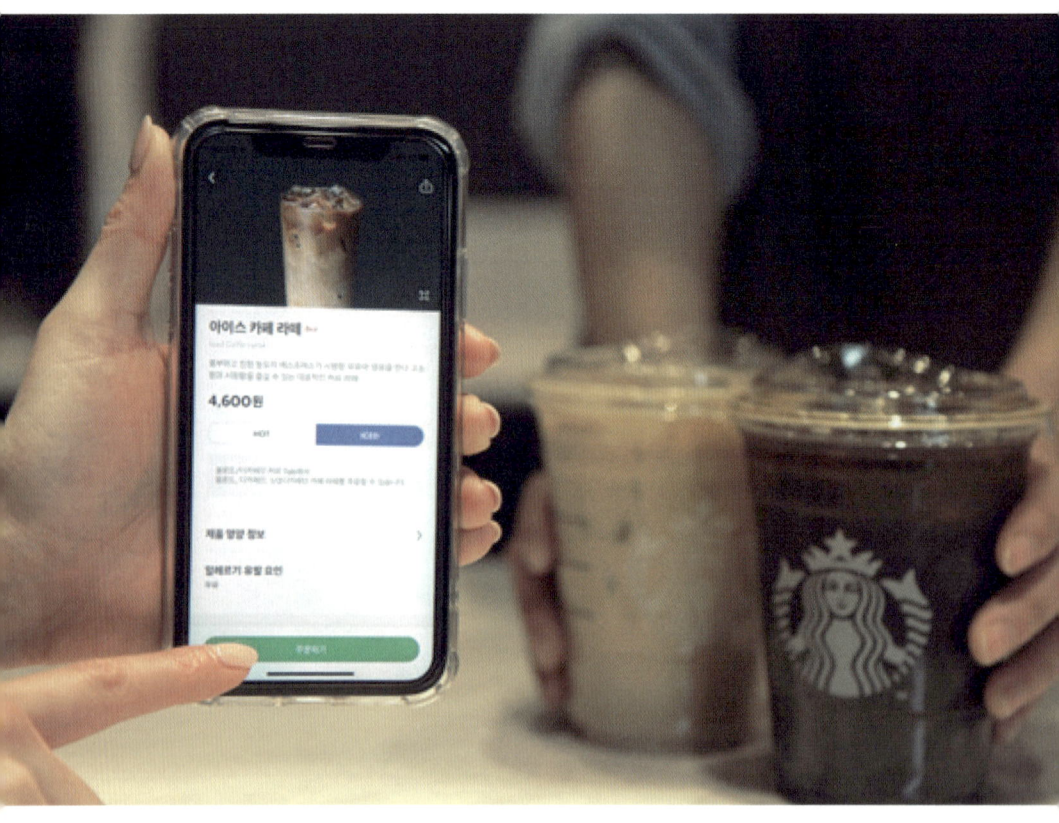

스타벅스는 모바일 주문·결제 서비스인 사이렌 오더의 데이터를 바탕으로 고객 방문시간, 빈도, 패턴 등의 정교한 정보를 파악하고 더 구체적이고 목표지점에 확실히 도달할 수 있는 마이크로 타겟팅 마케팅을 구현할 수 있게 됐다.

출처 : 스타벅스코리아

던 데다가 설상가상 금융위기까지 덮치며 매출이 곤두박질치는 위기에 처한다. 이때 스타벅스 창업자 하워드 슐츠는 다시 스타벅스 최고경영자로 복귀한 뒤, 실리콘밸리 IT 기업과 제휴하고 인재를 영입하며 본격적인 스타벅스 디지털 트랜스포메이션에 나선다. 이를 위해 '디지털 플라이휠(Digital Flywheel)6' 전략을 세우고 고객 데이터에 기반한 '리워드(Reward)', '개인화(Personalization)', '결제(Payment)', '주문(Ordering)' 시스템을 구축했다. 이런 변화는 스타벅스와, 스타벅스 커피를 마시는 우리들의 일상을 크게 바꾸어 놓았다.

예를 들어보자. 집에서 차를 타고 나가며 스타벅스 사이렌 오더로 라떼 한 잔을 주문한다. 커피값은 스타벅스 앱에 연동된 스타벅스 카드 충전금에서 자동으로 빠져나간다. 스타벅스 드라이브 스루 존에서 커피를 픽업해 빠져나온 시간은 2분 남짓. 그리고 커피를 결제한 보상으로 별 하나를 받는다. 별 12개를 모으면 무료 쿠폰으로 음료를 마실 수 있다. 또, 여름과 겨울에 하는 시즌 이벤트로 e-프리퀀시(e-Frequency) 스티커를 발급받아 플래너 등 상품을 받을 수도 있다. 돈을 다발로 갖다줘도 스타벅스에선 돈 주고 살 수 없다. 돈으로 거래 가능한 곳은 당근마켓 등 중고시장 뿐인데, 프리미엄이 높게 책정되기도 하고 스타벅스 플래너를 손에 넣었다는 '가심비'(가격을 떠나 심리적 만족감을 주는 소비 형태)도 충족할 수 없다. 진성 스타벅스 플래너 유저들은 겨울 시즌이 되면 부지런히 스타벅스 결제 카드를 충전하고 e-프리퀀시를 모으며 연말을 기다린다. 연말이면 중고 시장에서 e-프리퀀시를 사고파는 진풍경도 벌어진다. 최근에는 다이어리뿐만 아니라 시즌별 바캉스 용품, 캠핑용품 등 자체 굿즈를 e-

프리퀀시를 통해 제공한다. 이 스타벅스 굿즈들은 연말 시즌 플래너보다 더 큰 인기를 끌고 있다.

스타벅스에서 현금이나 개인카드를 쓰지 않고 스타벅스 자체 앱에서 스타벅스 카드로 결제한다는 것은 스타벅스에 그만큼 많은 고객 데이터가 축적된다는 뜻이다. 스타벅스는 이 데이터를 바탕으로 고객 방문시간, 빈도, 패턴 등의 정교한 정보를 파악하고 더 구체적이고 목표지점에 확실히 도달할 수 있는 마이크로 타겟팅 마케팅을 구현할 수 있게 됐다. 실제로 미국 디지털 시장조사업체 '이마케터' 발표에 따르면 2018년 5월 기준 미국에서 가장 많이 쓰이는 모바일 결제 앱은 스타벅스다. 2,340만 명이 스타벅스 앱에 내장된 선불카드를 충전해 커피를 산다. 스타벅스의 현금 보유액은 미국 중소 은행과 맞먹는 정도다. 당시 추정금액만 20억 달러(약 2조 4,000억 원). 스타벅스 커피를 사 마시는 사람들의 빅데이터 구축을 위해 스타벅스는 여전히 소비자들을 '스타벅스 페이'로 끌어들이고 있고, 이를 유인하는 다양한 프로모션을 전개하고 있다. 때문에 스타벅스 대부분 매장은 현금을 받지 않는다. 우리나라도 마찬가지. 2019년 12월 기준 서울시 25개 자치구에서 영업 중인 스타벅스 매장 507곳 중 368곳은 '현금 없는 매장'이다.

스타벅스에서 매주 생성되는 거래 데이터는 무려 9,000만 건. 이 데이터를 가지고 스타벅스는 개인화 서비스를 넘어 매장 입지 분석에도 활용한다. 스타벅스는 함부로 매장을 내주지 않는다. 그리고 스타벅스가 들어온 곳의 상가 임대료는 다른 곳 보다 더 훨씬 비싸다. '스세권(스타벅스가 근처에 있는 상권)'이란 말이 괜히 나온 것이 아니듯이, 스타벅스가 입점했다는 것은 그 지역 상권의 성공은 어느 정도 예상할 수 있다는 말이다. 즉, 디지털 전환을 이뤄낸 스타벅스가 부동산 시장에 지금보다 더 큰 영향력을 행사할 수 있다는 말이다.

육아용품 업체도 공공기관도
디지털 전환한다

독일 지멘스도 디지털 전환의 대표 기업으로 우뚝 섰다. 1847년 독일에서 설립된 지멘스는 현재 유럽에서 가장 규모가 큰 엔지니어링회사다. 회사 창립 초기에는 베를린에서 프랑크푸르트에 이르는 500km구간에 전선을 놓으며 명실상부 오프라인 인프라 구축의 대명사가 됐다. 이후 다양한 영역으로 사업을 확장하고 혁신해왔으며 그동안 사람들에게는 전화기나 의료기기, 전기 회사로 이름을 알려왔다. 그러나 지멘스는 '지속가능한 세계를 위한 기술개발'을 목표로 현재는 개방형 디지털 비즈니스 플랫폼 '지멘스 엑셀러레이터'를 제공해 각 기업의 '디지털 전환'을 지원한다.

지멘스의 CEO 로랜드 부시는 CES2024 기조연설에서 "산업 메타버스"라는 단어를 정의했다. 산업 메타버스란 사람과 AI가 실시간으로 협업해 현실세계의 문제를 해결할 수 있는 '몰입형 공간'이다. 산업 메타버스는 우리가 흔히 말하는 VR이나, 가상현실, 단순한 게임이나 3D정도가 아니다. 산업 메타버스의 핵심 요소는 디지털트윈, 소프트웨어 정의 자동화, 데이터와 AI다. 특히 현실세계에서 구축하려는 모든 것을 디지털트윈을 통해 먼저 시뮬레이션하고, 최적화된 조건을 계산한다. 그에 따르면 이런 방식으로 생산 능력은 200% 증가, 생산성 20% 증가, 에너지 소비는 20% 감소하는 효과를 볼 수 있다.

연설에서 로랜드 부시는 게임 기술을 사용하기 위한 소니와의 협력을, 그리고 AI를 활용해 암 치료에도 나설 것임을 강조하기도 했다.

디지털 전환이 고객에게 새로운 경험을 제공하고 고객의 요구에 먼저 선제적으로 대응한 가장 좋은 사례는 바로 월마트다. 미국의 월마트는 고객의 시간과 비용을 줄이는 것을 목표로 AI를 활용해 쇼핑, 물류, 배송에 최적화를 이뤄냈다.

우선 고객은 매장 내에서 스캔앤고(Scan and go) 앱으로 물건을 스캔하고, 구매할 물건을 카트에 담은 뒤 결제한다. AI 기반의 출구장치로 계산대도 건너뛰고 출구도 건너뛸 수 있다. 쇼핑할 땐 쇼핑에만 집중하게 한다는 전략이다. 또 고객의 구매 패턴을 기반으로 부족한 물품을 월마트가 알아서 보충한다. 기존 구독서비스는 고객이 품목과 보충 기간을 정했지만 월마트에선 AI가 선제적으로 필요한 물건을 보충한다. 눈에 띄는 건 드론 배송이다. 월마트는 윙(Wing)과 집라인(Zipline)과 협력해 텍사스주 댈러스 포트워스 지역에서 드론 배송도 시행중이다. 마트 반경 10마일까지 드론 배송이 가능한데, 댈러스-포트워스 지역 인구의 75%, 180만 가구가 드론배송 가능 지역이다. 앞서 월마트는 지난 2년간 미국 내 7개주 37개 드론 배송 허브를 운영하며 총 2만 건의 드론배송 성과를 냈다.

뷰티테크 전문기업 로레알은 10년 전부터 디지털 전환에 집중했다.

휴대용 전동 메이크업 애플리케이터 '합타(HAPTA)'를 사용중인 모습
출처 : 로레알

현재 5,500명의 테크 및 디지털 전문가가 일하고 있으며 2018년부터는 본격 뷰티 테크기업을 표방하며 메타버스, 웹3.0, GenAI에 투자해왔다. 특히 로레알은 '모두를 위한 기술'에 집중해 디지털 전환을 이뤄내고 있는데 '합타(Hapta)'제품이 대표적이다. 장애가 있어도 립스틱을 예쁘게 바를 수 있게 해주는 제품인데 여기에는 AI기반 모션 안정화 기술이 적용됐다.

디지털화가 가장 천천히 진행되는 나라는 일본이다. 우리에게 알려지기로 일본은 여전히 신용카드나 페이결제보단 현금결제를 선호하고, 디지털문서보단 여전히 팩스로 주요 문서를 송수신하며, 관공

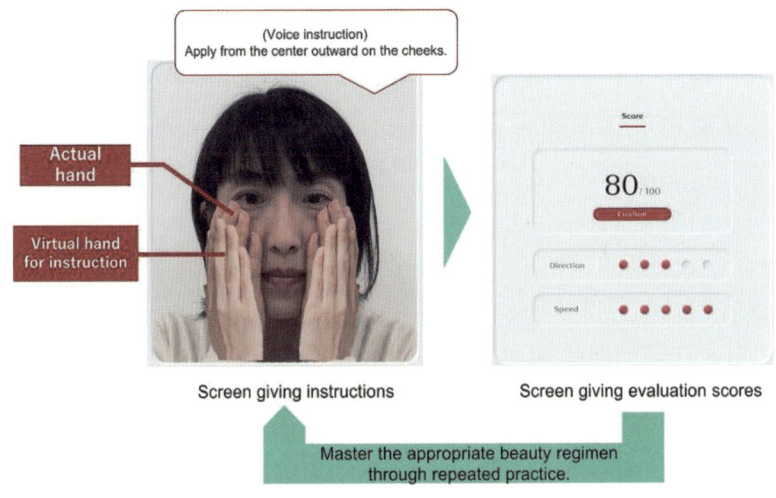

시세이도 '뷰티 AR 내비게이션'
출처: 시세이도

서에서도 여전히 수기로 서류를 작성하는 일이 많다. 아날로그의 가치가 가장 오래도록 살아 숨 쉬는 나라지만 일본의 전통 기업도 디지털 전환이라는 거대한 파도를 받아들인다. 일본의 유명 화장품기업 시세이도는 올해 처음 CES에 참가해 뷰티 AR 내비게이션(Beauty AR Navigation)과 코 골격으로 미래 피부고민을 예측할 수 있는 프로그램을 소개했다. 시세이도의 Beauty AR Navigation은 AR기술로 자신의 피부 상태를 투영하고, 그에 걸맞은 피부 마사지 방법을 제시하는 앱이다. 그전까지는 화장품 매장이나 전문 마사지사가 직접 해주던 얼굴 마사지 방법을 스마트폰이 알려주는 방식이다. 시세이도의 150년 업력 노하우와 사람 손의 미세한 움직임을 인지하는 AI 기술이 적용됐다. 여기에 더해 현재의 코 골격 이미지를 분석해 앞으로 나타날 주름과 얼굴 처짐 등의 문제를 예측하고 이 문제가 발생하기 전 예방할 수 있는 케어를 제안하는 시세이도만의 기술을 소개해 주목받았다.

저출생 여파로 육아용품 관련 산업이 쇠퇴하는 것처럼 보이지만 각 기업에서는 디지털 전환이라는 방식으로 새로운 돌파구를 찾고 있다. 아이를 적게 낳아 귀하게 키우는 문화, 아이의 발달과 성장을 '감'이 아닌 과학적으로 분석하고 최적의 답을 찾으려는 요즘 부모들의 추세에 맞춘 전략이다. 우선 최근 국내 기저귀시장 1위 유한

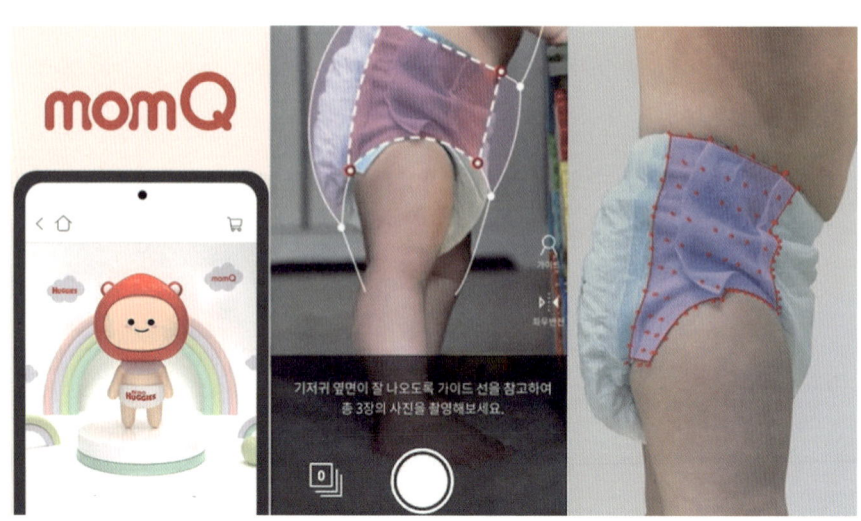

하기스 AI피팅룸 페이지 및 사례 예시
출처:하기스

킴벌리 하기스는 인공지능을 활용한 혁신적인 고객 서비스를 런칭했다. '하기스 AI 피팅룸'으로 명명된 해당 서비스는 아이에게 꼭 맞는 기저귀 사이즈를 인공지능이 분석, 제시해 주는 서비스다. 하기스는 그동안 축적한 아기체형 정보와 사이즈 만족도 등의 빅데이터를 기반으로 인공지능이 기저귀를 입은 아이 사진 50만 장을 학습하게 했다. 소비자들은 이 서비스를 간단하게 이용만 하면 된다. 아이 키, 몸무게 등 기본 정보를 입력한 후 아이가 기저귀 입은 사진을 하기스에 제공하면 하기스 AI 피팅룸이 기저귀 사이드 패널(하기스 팬티형 적용) 영역을 100개의 데이터 포인트로 나눠 분석한 후, 허리와 허벅지 둘레를 머신러닝 알고리즘을 통해 계산해 기저귀 사이즈를 추천해 준다. 하기스 AI 피팅룸을 통해 소비자는 기저귀 사이즈 추천 외에도 아이의 성장 기록을 지속적으로 관찰할 수 있고, 아이에게 맞는 제품과 육아정보까지 맞춤형으로 서비스 받을 수 있어 앞선 소비자 조사에서도 좋은 평가를 받기도 했다.

영유아 IT 업체 아이앤나는 AI기술과 육아를 결합한 기술을 꾸준히 시장에 선보이고 있다. 아이의 울음, 행동을 안면인식과 감정인식 등의 기술로 AI가 분석해 아이의 상태를 실시간으로 모니터링한다. 2022년 '유아의 위험 상태 예측을 위한 카메라 장치와 그 방법', '유아의 보호자 호출을 위한 카메라 장치와 그 방법' 및 '유아의 응급상태 확인을 위한 카메라장치와 그 방법' 등 AI 기술이 적용된 3가지 기술에 대한 특허 등록도 마쳤다. 이 기술은 유아의 울음 상태를 실시간 파악하여 활동이나 수면 중 발생 가능한 각종 위험을 예측해 상황 발생 전, 미리 부모나 보호자 또는 양육자에게 위험 가능성을 알려준다. 또한, 호흡곤란 여부와 심박수 이상 등을 파악할 수 있어 실생활에 유용하게 활용할 수 있다.

민간기업만 디지털 전환하는 게 아니다. 공기업도 디지털 전환을 통해 국민 삶의 질을 높인다. K-water(구 수자원공사)의 디지털워터플랫폼이 대표적이다. K-water에 따르면 시간당 30mm이상 비가 쏟아지는 집중호우가 1970년대에는 연 6.9회 발생했지만 2010년대엔 연 12회로 2배 가까이 증가했다. 근래에 들어선 더 예측할 수 없는 집중호우와 물재해가 매년 여름마다 일어나고 있다. K-water는 "기존의 물관리 인프라만으로는 기후위기로 인한 물재해에 완벽히 대응할 수 없다"고 판단하고 디지털 기술을 활용한 스마트 물관리로 빠른 전환을 선택했다. 이를 위해 국내 최대 클라우드 기업인 네이버 클라우드와 협력해 디지털워터솔루션 기획, 개발, 유통에 필요한 클라우드 인프라, 데이터, 물기술, 공통기능 S/W, 오픈 커뮤니티, 글로벌 마켓플레이스 등 전 과정을 원스톱으로 제공한다. 2022년에는 '디지털 혁신 전략(Digital Vision 2030)'을 수리했는데 이 계획의 최종 목표는 물-에너지-도시의 모든 데이터와 솔루션, 공간 정보를 하나의 플랫폼으로 통합하고 메타버스로의 구현이다. 데이터에 기반한 최적의 의사결정을 지원하고 새로운 시장과 서비스를 창출한다는 것이다.

이를 위한 첫 번째가 바로 '디지털트윈'이다. 이렇게 되면 유역물관리, AI정수장, 스마트시티 등 개별적으로 추진 중인 디지털 전환을 보다 고도화해 실시간 모니터링, 문제점 자율인지, 분석과 예측 기반의 의사 결정이 가능해진다. 아울러 클라우드 기반의 디지털 워크플레이스를 확대해 모든 인프라의 제약이 없는 업무공간을 구축하고 다양한 신기술과 보안 위협에 맞서는 시큐리티 스마트 오피스 체계를 완성한다. 마지막으로 디지털 융합 메타버스 플랫폼에서는 디지털 핵심 인력을 육성하는 한편, 다양한 물 관련 신기술과 서비스를 자유롭게 개발하고 거래하는 개방형 플랫폼 구축도 이 사업의 중요한 목표다. 기후위기가 초래한 다양한 물 문제를 디지털 전환으로 해결하겠다는 게 K-water가 그리는 미래다. K-water에 따르면 전국의 댐과 수도 등을 포함해 약 800여개 시설에서 시간당 150만 개의 데이터가 생산되고 있다. 생성되는 데이터의 양은 앞으로 더욱 빠르게 늘어날 것이다. 이 데이터를 토대로 홍수나 가뭄 등의 자연재해를 예측하고 대응하며 국민의 피해를 최소화할 수 있게 된다. 이와 더불어 수도시설에서 발생하는 파손, 오염 등의 사고에도 선제적으로 대응할 수 있게 돼 안심하고 마실 수 있는 수돗물 공급이 가능해진다.

대기업말고, 공기업말고
중소기업도 '디지털 전환' 필요할까?

그러나 적은 인원으로, 작은 규모로 사업을 이끌어가는 중소기업이라면 디지털 전환, 감히 이뤄낼 수 있을까? 작은 회사에도 디지털 전환은 필요할까? 정답부터 말하자면 그렇다. AI는 이미 범용기술이 됐기 때문이다. 전기와 인터넷처럼 이제 디지털 기술 없인 회사 운영이 어려워지는 상황이 머지 않아 닥칠 것이다. 또, 이런 미래를 예견하고 많은 중소/중견 기업이 디지털 전환의 필요성을 인식하고는 있지만 정보부족이나 자금, 인력의 문제로 디지털 전환에 쉽게 나서지 못하고 있다.

한국생산성본부가 8개 주요 산업군 중소·중견기업 1,650개 사를 대상으로 실시한 설문조사에 따르면, 조사 대상기업 중 705개 사(42.7%)가 디지털 전환의 필요성을 인식하고 있었다. 또, 426개 사(25.8%)는 디지털 전환을 추진하고 있으며, 873개 사(52.9%)는 추진 계획이 있다고 응답했다. 그러나 이들은 자금 부족, 전문인력 부족, 정보 부족(추진가이드, 기술이해도, 성공사례 등)이 디지털 전환의 진입장벽을 높인다고 응답했다. 조사 대상기업 중 1,229개 사(74.5%)는 디지털 전환에 필요한 정보 획득에 어려움을 겪는 것으로 나타났으며, 주로 '어떤 정보를', '어디에서 찾아야 하는지'와 담당 조직(직원)의 부재를 이유로 선정했다. 그러나 중소기업의 디지털 전환이 지연

될 경우, 대기업과 중소기업 간 경쟁력 차이가 오히려 확대될 가능성이 크다는 게 전문가들의 의견이다. 다만, 기술력과 자금력이 부족한 중소기업의 디지털 전환은 대기업의 디지털 전환과는 구분하여 접근할 필요가 있다는 것도 분명하다.

해외의 경우, 중소기업들이 주로 마케팅과 운영관리 관련 디지털 전환을 추진했는데 중소기업을 대상으로 31개국에서 행해진 100개 이상의 설문조사를 OECD가 종합한 결과, 디지털 전환 첫 단계로 '디지털 플랫폼' 또는 '외부 자문'을 활용하는 경향이 나타났다.

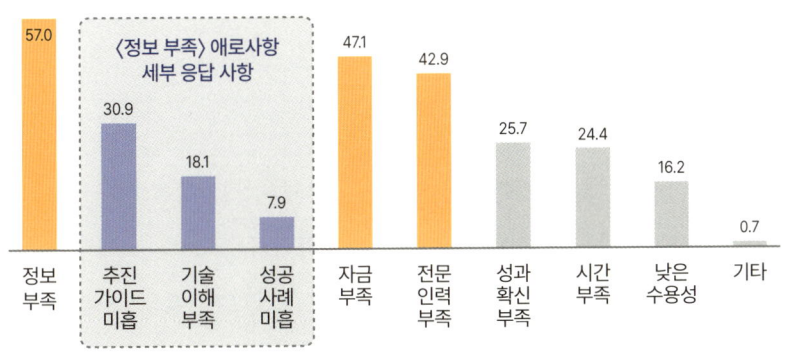

디지털 전환 추진 관련 주요 애로사항 (단위: %, 복수 응답)
출처: 코트라

디지털 전환을 지원하는 'DX 플랫폼'

앞서 말한 것처럼 디지털 전환은 이제 거부할 수 없는 시대의 흐름이 되었다. 디지털 전환을 통해 기업은 비즈니스 모델을 변화시킬 수 있고, 우리가 생활하는 방식도 편리하게 바꿀 수 있다.

디지털 전환을 위해 여러 기업들은 저마다의 고유한 DX 전략을 추진하고 있지만, 디지털 전환을 보다 빠르고, 쉽고, 편리하게 가속화하는 것은 어려운 과제다. 이를 가능하게 해주는 것이 바로 'DX 플랫폼'이다. 이 책에서 말하는 [DX 플랫폼]은 디지털 전환을 지원하는 플랫폼으로, DX 플랫폼이 필요한 이유는 4가지로 정리할 수 있다.

첫째, DX 플랫폼은 디지털 전환을 위한 초기 비용을 줄이고, 빠른 전환을 가능하게 한다. DX 플랫폼 없이 디지털 전환을 하려고 하면 시간과 비용이 많이 소요된다. 예를 들어, DX 플랫폼을 도입하지 않고, 디지털 전환을 한다고 생각해보자. 디지털 서비스를 위한 새로운 플랫폼을 직접 개발하기 위해 인력을 고용해야 하고, 많은 비용을 투자해야 한다. 시간도 오래 걸린다. 하지만 디지털 전환에 필요한 기능을 제공하는 DX 플랫폼을 활용하면 복잡한 디지털 전환 과정을 단축하고, 비용도 절약할 수 있다.

둘째, 분산된 데이터를 통합하여 비즈니스 자산으로 활용할 수 있다. DX 플랫폼은 디지털 기술을 기반으로 모든 데이터를 한곳으로 모아 통합하고, 언제 어디서나 데이터에 접근할 수 있게 도와준다. 기업 안에서 관리해야 할 데이터의 양이 급증하고 정보 시스템도 분산되면서, 많은 기업들이 데이터를 효과적으로 통합 관리하는데 어려움을 겪는다. 데이터 관리 소홀로 인한 정보 노출과 관리 비용을 줄이고, 고품질의 데이터를 발굴하여 기업의 가치 창출에 기여하기 위해서는 전사적으로 데이터를 관리하고 통제할 플랫폼이 필요하다. DX 플랫폼은 통합된 환경에서 모든 데이터 요소를 관리할 수 있으며, 이를 통해 비즈니스에 필요한 중요한 데이터 인사이트를 확보하여 디지털 혁신과 비즈니스 성장을 지원한다.

셋째, DX 플랫폼은 각종 디지털 서비스를 통합해 일원화된 운영이 가능하다. 우리는 평소 온·오프라인이 연결된 디지털 플랫폼을 통해 다양한 디지털 서비스를 이용하며 살고 있다. 하지만 이런 서비스들은 한 기업에서도 여러 개의 서비스로 제공되기도 하여 서비스의 온전한 이용을 위해 2~3개의 모바일앱을 설치해야 하는 경우도 있다. 이러한 개별 서비스들의 연결성을 높인다면 서비스 간 별도로 제공되던 혜택 및 정보가 통합되어 고객은 일원화된 서비스를 이용할 수 있고, 서비스 간 시너지를 낼 수도 있다. 서비스의 온전한 이용을 위해 여러 개의 모바일앱을 설치하는 불편을 감수할 필요가 없게 되는 것이다. DX 플랫폼은 이런 다양한 디지털 서비스를 고객 중심으로 통합해 원스톱 서비스를 가능하게 한다.

넷째, DX 플랫폼에서 제공하는 마켓플레이스의 다양한 서드파티 소프트웨어(Third Party Software, 플랫폼 내 제공되는 개별 소프트웨어)를 활용할 수 있다. 직접 구축하지 않아도 제공되는 다양한 소프트웨어를 선택하여 원하는 만큼 확장하고, 통합할 수 있다는 게 DX 플랫폼의 장점이다. 마켓플레이스를 통해 다양한 포트폴리오와 파트너의 소프트웨어를 살펴볼 수 있을 뿐만 아니라, 각 분야의 전문가로부터 도움을 받을 수 있다. 이런 확장 기능은 운영자 환경에서 크게 빛을 볼 수 있다. 구축을 끝낸 플랫폼에 다른 소프트웨어를 도입하려면 추가적인 개발이 필요하다. 이는 마찬가지로 비용 및 시간이 소요된다. DX 플랫폼에서 서드파티 소프트웨어 적용 예시를 살펴보자. DX 플랫폼을 통해 일원화된 환경에서 고객의 소리를 체계적으로 접수하고 있다면, MarTech(마테크, 마케팅과 기술의 합성어) 솔루션을 확장하여 개인화 타켓팅, 추천, 분석 및 모니터링이 DX 플랫폼 내에서 가능해진다. 신규 소프트웨어의 도입이 아닌 구독 형태로 사용여부를 결정하여 바로 이용할 수 있다.

실제로 세일즈포스의 조사에 따르면, 여러 개의 흩어진 소프트웨어를 한 군데로 통합하여 하나의 플랫폼으로 사용한 경우, 전반적인 효율성과 직원의 생산성이 개선되었다고 응답한 고객의 비율이 약 95%나 되었다.

'DX 플랫폼' 도입 사례

그렇다면 DX 플랫폼의 실제 도입 사례를 살펴보자. DX 플랫폼은 다양한 업종과 산업 분야에 적용이 가능한 플랫폼으로, 의료, 항공, 제조, 교육, 공공, 금융·복지 등 여러 분야에 실제로 적용되어 활용되고 있다.

효율적인 의료 서비스를 위한 '앙카라 시립 병원'의 디지털 혁신
튀르키예의 앙카라 시립 병원은 DX 플랫폼 도입을 통해 세계에서 가장 현대적인 병원 중 하나가 되었다. 독일지멘스의 엑셀러레이터 플랫폼을 도입한 앙카라 시립병원은 총 130만 평방피트 규모의 면적에 약 4,000여 개의 병상과 130개 이상의 수술실을 갖춘 세계에

앙카라 시립 병원의 건물 관리 플랫폼 Desigo CC.
출처 : 독일지멘스

서 가장 큰 병원 캠퍼스 중 하나다. 미래 지향적인 헬스케어를 위해 건물 관리에 DX 플랫폼을 도입했다.

앙카라 시립 병원은 DX 플랫폼으로 건물 관리 플랫폼인 Desigo CC를 구축해 에너지 공급, 화재 예방, HVAC, 조명, 출입 통제, CCTV 등에서 오는 80만 개 이상의 데이터 포인트로 22개의 하위 시스템을 모니터링하고 제어한다. 그 결과, 진단, 관리 및 치료를 위한 안전한 환경이 조성되었고, 병원은 24시간 연중무휴로 보다 원활하고 지속 가능하게 운영할 수 있게 되었다.

DX 플랫폼으로 쉽고 빨라진 '에티하드항공'의 공항 수속

에티하드항공은 DX 플랫폼 도입을 통해 쉽고 빠른 공항 수속 시스템으로 전환할 수 있었다. 여객 항공 여행은 마진이 낮고 가격에 민감한 소비자로 경쟁이 치열한 산업이다. 저가 항공사는 비용과 서비스 수준에 대한 지출을 최대한 줄일 수 있지만, 프리미엄 항공사는 사람들이 다시 찾고 싶어 하는 기억에 남는 여행 경험을 만들어야 한다. 에티하드항공의 과제는 동일한 노선을 운항하는 다른 프리미엄 항공사와 차별화하는 것이었다. 이를 위해 기술 측면에서는 항공사가 모든 고객 서비스와 승객 선호도에 대한 풍부한 데이터를 통합하여 고객을 한눈에 파악할 수 있어야 한다.

에티하드항공은 모든 디지털 서비스를 위한 새로운 플랫폼을 만드

에티하드항공은 DX 플랫폼 도입을 통해 쉽고 빠른 공항 수속 시스템으로 전환했다.
출처:IBM

는 대신, IBM의 확장성이 뛰어난 DX 플랫폼을 선택했고, 완벽한 통합을 이루었다. 에티하드항공의 기술 및 혁신 디지털 포트폴리오 관리자 Kavita Iyer는 "사전 구축된 API를 도입한 이유 중 하나는 체크인을 위해 12개의 주요 시스템에 연결하고 270개 이상의 고유한 프로세스를 처리해야 했기 때문이다. 또한 백엔드에 있는 18개의 기존 통합 시스템에 연결해야 했다. 예를 들어, 우리는 미국 이민 사전 승인을 제공하는 몇 안 되는 항공사 중 하나인데, IBM의 사전 구축된 API를 사용함으로써 우리의 목표를 빠르게 달성할 수 있었다"고 말하기도 했다.

전 세계 어디서도 고객 데이터에 접근할 수 있게 된 '3M'

PPE 제조업체인 3M이라는 기업도 코로나19 시기에 DX 플랫폼 도입을 통해 비즈니스 변화에 대응할 수 있었다. 3M은 세일즈포스의 DX 플랫폼과 함께 원격근무의 한계를 극복했다. 세일즈포스 플랫폼을 활용하여 고객 서비스팀, 신용 관리팀, 기술 서비스팀, 영업팀 등 모든 부서가 동일한 고객 데이터를 공유해 고객 데이터를 단일 뷰로 확인할 수 있었고, 또 전 세계 어디에서도 고객 데이터에 접근할 수 있었다. 제조업체 3M은 이 데이터를 통해 주요 고객을 빠르게 파악하고 동일한 정보를 함께 공유하여 업무 형태 전환에 성공했다.

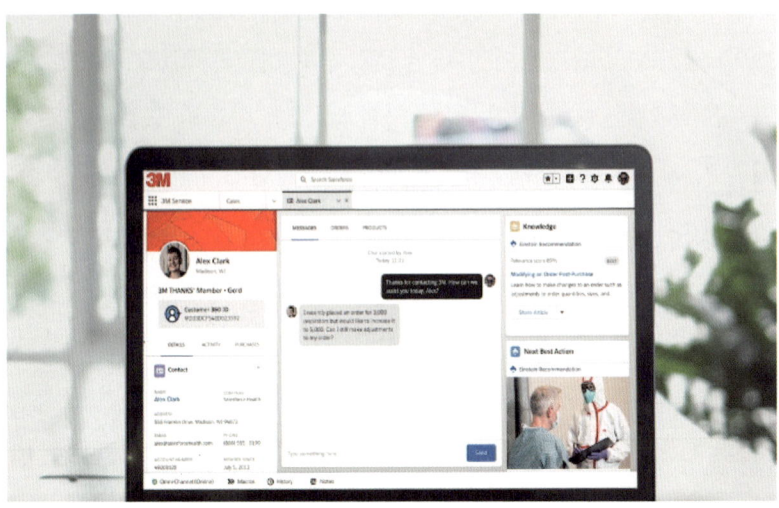

PPE 제조업체 3M은 세일즈포스의 DX 플랫폼과 함께 원격근무의 한계를 극복했다.
출처: 세일즈포스

DX 플랫폼으로 아동권리증진 선제적 대응 업무체계 마련

아동정책 및 아동복지 사업을 통해 아동의 권리를 보장하며 삶의 질 향상에 기여하고 있는 아동권리보장원은 윤컴즈 DX 플랫폼 중 '윤컴즈 LMS'를 도입해 아동권리 증진을 위한 변화에 선제적으로 대응이 가능해졌다. 개별 관리하고 있던 데이터를 통합된 환경에서 관리함에 따라 데이터 중심의 업무 추진 체계를 마련했을 뿐만 아니라, 디지털 기반 통합교육시스템을 구축하고, 교육 시스템을 최신화했다. 뿐만 아니라 업무의 프로세스에 따라 교육수요조사부터 사업기획,

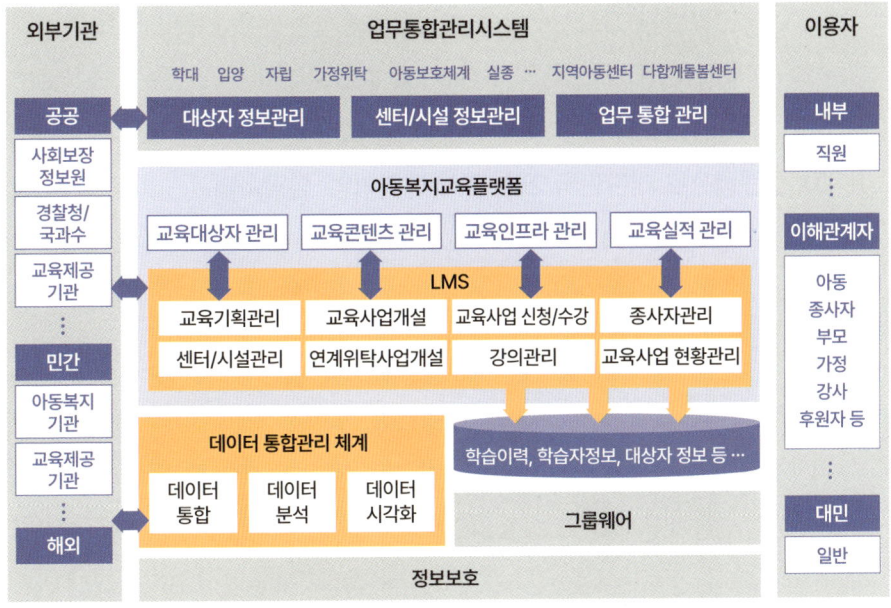

아동권리보장원은 DX 플랫폼을 통해 데이터 중심의 업무 추진 체계를 마련했을 뿐만 아니라, 디지털 기반 통합교육시스템을 구축하고, 교육 시스템을 최신화 했다.

출처 : 아동권리보장원 RFP

예산, 위탁기관, 교육사업, 강의를 원스톱으로 관리할 수 있게 됐다.

이 서비스는 지역 아동센터와 아동보호전문기관, 가정위탁지원센터 등의 아동복지 종사자를 대상으로 직무교육뿐만 아니라 아동정책 영향평가, 자체평가, 사전교육 및 법정의무교육 등 다양한 온라인 교육 과정을 제공하고 있다. 또, 종사자들의 역량 향상을 위한 다양한 프로그램도 이용할 수 있다. DX 플랫폼을 도입한 아동권리보장원은 디지털화된 콘텐츠 기반 교육관리 시스템(LMS)을 통해 아동복지교육 콘텐츠와 데이터를 자산화하고, 효율적인 사업관리 체계를 마련할 수 있었다. 또한, 수많은 아동복지종사자들은 온라인으로 편리하게 사업 신청 및 강의를 수강할 수 있게 되었다.

DX 플랫폼으로 대한민국 2만 '중소/벤처기업' 담당자의 업무시간을 단축시키다

중소기업 및 벤처기업을 위한 통합 서비스 플랫폼인 '중소벤처24'는 기존 30여 개 시스템을 통해 개별적으로 제공되던 서비스를 통합 제공하고, 기업 경영에 유용한 각종 증명서를 한 곳에서 출력이 가능하게 했다. '중소벤처24'를 통해 이노비즈확인서, 메인비즈확인서, 직접생산확인증명서, 여성기업확인서 등 49종 증명서의 통합 출력이 가능할 뿐만 아니라, 발급 진위 확인까지 가능하다. 뿐만 아니라 창업, R&D, 정책 자금, 판로 개척, 스마트 공장 등 지원 사업 등의 통합 신청을 가능하게 했다.

DX 플랫폼을 통해 단계별로 확장되고 있는 중소벤처24.
출처: 중소벤처24 RFP

　DX 플랫폼 도입 이전과 도입 이후 분석된 자료는 꽤 흥미롭다. DX 플랫폼 도입 이전, 개별 서비스에서 처리하던 업무시간은 180분이 소요됐는데, DX 플랫폼 도입 이후, 통합 환경에서는 12분이 소요되어 업무시간을 93.3% 절감하게 됐다. 대한민국의 2만 중소·벤처기업 업무 담당자의 업무시간을 단축하게 해준 고마운 플랫폼인 것이다. 여기에는 윤컴즈 DX 플랫폼 중 '홍익인간 CMS'가 도입됐다. 중소벤처24는 최초 구축 이후에도 단계별로 중기부 정책사업 통합조회·신청, 증명서 일괄발급, 클라우드 전환 등 지속적으로 진화하고 있다. DX 플랫폼 도입을 통해 서비스의 확장 및 원스톱 서비스가 가능해진 셈이다.

PART 1　이제 모든 기업은 '디지털' 기업이다_디지털 전환　　61

오프라인으로만 가능했던 '한국교직원공제회' 금융·복지 서비스를 온라인으로

한국교직원공제회는 모든 교직원이 재직 중에는 물론, 퇴직 후에도 교직의 보람과 생활의 풍요로움을 누릴 수 있도록 특별법으로 설립된 정부 보장의 교직원 복지기관이다. 2023년 11월 말 기준 회원 90만 명을 보유하고 있는 국내 유일의 교직원 복지기관으로서, 회원의 온라인 서비스 이용 확대를 위해 모바일서비스를 강화했다.

오프라인으로만 가능했던 한국교직원공제회 금융·복지 서비스를 온라인으로도 이용할 수 있게 됐다.
출처: 한국교직원공제회

사용자가 콘텐츠에 쉽게 접근할 수 있도록 메뉴 구조 단순화는 물론, 기존에 공제회에서 오프라인으로만 제공하던 The-K 복지누리 대여 및 종합복지급여(보험) 특약부분 해지 등 업무도 온라인으로 가능해졌다. DX 플랫폼 중 확장성이 뛰어난 '홍익인간 CMS'가 도입되어 오프라인 서비스의 디지털 전환 및 개별 운영 시스템의 통합 그리고 모바일 서비스 및 온라인 서비스의 일원화된 관리가 가능하게 됐으며, 회원들도 한국교직원공제회에서 제공하는 대부분의 금융·복지 서비스를 온라인으로 쉽게 이용할 수 있게 됐다.

이처럼 DX 플랫폼은 다양한 업종, 산업 분야에 적용이 가능하다. 이제 디지털 전환은 IT 산업만의 과제가 아니라, 전통 산업과 첨단 산업을 막론하고 모두가 받아들여야 하는 필수적인 요소가 됐다. 앞으로 DX 플랫폼은 인공지능·데이터 등 첨단 디지털 기술 접목을 통해 통합 플랫폼으로서의 역할을 수행하고, 클라우드 환경과 구독형 서비스를 통해 디지털 대전환 시대를 지원하는 플랫폼으로 나아가야 한다.

PART 2

사례로 보는
민·관의 디지털 전환

그동안 디지털이 인간의 삶을 조금 더 편리하게 살아갈 수 있도록 도와주는 역할이었다면, 현재 우리에게 닥친 '디지털 전환'의 세상은 디지털이 인공지능과 빅데이터 등을 기반으로 선제적으로 인간의 삶에 개입할 것이다. 이러한 변화로 인해 행정·공공기관뿐만 아니라 수많은 기업들이 디지털 전환을 시도하고, DX 플랫폼을 도입하고 있다. 우리 일상 속 어떤 부분들이 디지털로 전환되고 있는지 실제 사례를 살펴보자.

국회와 서울시청에 'AI 로봇공무원'이 등장했다

민원 문의를 해결하고, 행정 업무를 처리하는 '로봇공무원'이 등장했다. 국회에서는 지능형 큐레이팅봇 '국회 큐아이'가 국회박물관을 방문하는 관람객에게 해설과 안내를 제공하고, 서울시청에서는 로봇 주무관 '로보관'이 청사 곳곳을 누비며 문서 배달과 민원인 안내 등을 돕고 있다.

4개 국어가 가능한 국회 1호 로봇공무원 '국회큐아이'

먼저, 국회박물관을 방문하는 관람객은 '로봇공무원'의 해설과 안내를 제공받을 수 있다. 국회사무처가 국회박물관에 배치한 인공지능(AI) 로봇은 박물관에 대한 해설뿐만 아니라 관람객의 질문에 답변이 가능한 지능형 로봇으로, 국회는 AI로봇을 1호 로봇공무원으로 가상 임용하고 공무원증도 발행했다.

지능형 큐레이팅봇의 이름은 '국회큐아이'. '국회큐아이'는 자율주행 기반 지능형 큐레이팅봇으로 문화체육관광부와 한국문화정보원이 추진하는 '지능형 멀티 문화정보 큐레이팅 로봇 구축사업'으로 도입됐다. 지능형 큐레이팅봇 '국회큐아이'는 전시실 해설과 시설 안내 서비스를 제공하는 인공지능 로봇으로 국회박물관을 방문하는 관람객에게 국회와 민주주의, 국회 100년 역사, 국회의 기능과

국회 1호 로봇공무원 '국회큐아이'
출처: 국회사무처

역할 등을 한국어, 영어, 중국어, 일본어 4개 국어와 수어로 안내하고 있다.

서울시청 로봇 주무관 '로보관'...문서배달·민원안내

서울시청에도 '로봇공무원'이 있다. 서울시 최초의 로봇 주무관인 '로보관'은 청사 곳곳을 누비며 문서 배달과 민원인 안내 등을 돕고

업무 프로세스

STEP1. 조작	STEP2. 이동	STEP3. 도착/수령	STEP4. 복귀
(문서실)	(스피드게이트, E/V)	(사무실)	(로봇 대기장소)
서랍에 문서를 넣고 LCD 터치패드로 배송장소 입력	스피드게이트, 6호기 통과 ✓ 로봇 스스로 조작	배송장소 도착 수령 완료 버튼 클릭 (배송 도착 안내방송)	대기장소(1층) 복귀 및 충전

서울시 1호 로봇 주무관 '로보관'
출처 : 서울시

있다. 로보관은 22년 11월부터 서울시 본청에서 공공문서 배달 업무와 민원인 안내 등의 업무를 지원하고 있는데, 수평 이동을 주로 하는 기존 배송 로봇과 달리 스스로 엘리베이터를 타고 각 층을 이동할 수 있다. 또 로봇손을 활용해 엘리베이터 버튼도 직접 누른다. 서울시는 엘리베이터 혼잡도를 고려해 기존 엘리베이터 중 하나를 로보관 전용으로 지정해 오전 10시부터 운영하는데, 우선 본청 7층에서 시범운행을 시작해 본청 전체로 실증 범위를 확대할 계획이다. 또한 서울시는 로보관이 정식으로 행정지원 업무를 수행하는 만큼 공무원으로 지정하고, 임시공무원증도 수여했다.

로보관은 오전 10시부터 오후 6시까지 근무하는데, 출근과 동시에 업무를 시작해 11시까지 부서 간 문서 이동을 지원한다. 시청 직원들은 전용 앱을 통해 로보관을 호출한 뒤 로보관이 오면 로봇 본체 서랍에 문서를 넣고 배송부서를 지정하는데, 이후 로보관이 스스로 배송부서로 이동해 문서를 전달한다. 로보관은 엘리베이터 이용객이 많은 점심시간에는 휴식한 뒤 오후 1~2시 청사를 방문한 민원인을 담당 부서까지 안내하는 업무를 하며, 오후 2~6시에는 서울시 문서실에 도착하는 각종 정기 우편물을 각 부서로 배송한다. 4시간 동안 약 30~40건의 배달이 가능하다.

두 손을 자유롭게, 교통카드 '태그리스(Tagless)'

교통카드를 찍지 않아도 자동으로 대중교통 이용요금이 결제되는 태그리스(Tagless) 시스템이 2023년부터 시작해 확산되는 추세다. 태그리스란 블루투스 통신으로 고객의 모바일 티머니 정보를 인식해 자동으로 요금을 차감하는 원리인데, 고속도로의 하이패스가 대표적인 태그리스 시스템이다.

우선 경기도는 2022년 1월부터 김포지역을 시작으로 경기도내 2,669대 광역버스에 태그리스 결제 시스템을 도입했다. 경기도 버스의 태그리스 시스템은 차량에 설치된 비콘(Beacon)과 이용객 스마트폰 간 블루투스 무선통신으로 승·하차 여부 등을 판별하는 원리다. 스마트폰에 '태그리스 페이-앱'을 설치한 후 선·후불형 교통카드를 등록하면, 버스 승하차 시 교통카드 단말기에 별도 카드 접

'태그리스' 시스템이 있는 개찰구에서 교통카드를 찍지 않고 통과하는 모습
출처 : 티머니

촉(태그) 없이 자동으로 승하차 처리·결제가 이뤄진다. 또한 경기도 버스에서는 일어나 직접 하차 벨을 누를 필요 없이 스마트폰으로 모바일 하차 벨을 누르기만 하면 된다. 한편 태그리스 서비스를 받을

수 없는 버스나 지하철로 환승할 경우, 스마트폰 스크린을 켠 상태에서 카드 단말기에 태그하면 기존 방식대로 요금이 결제되고 환승 할인도 받을 수 있다.

지하철 태그리스는 2023년 9월 서울 우이신설선 도입이 최초다. 지하철 태그리스로는 세계 최초이기도 하다. 시스템 작동 원리는 블루투스 기반으로 근거리부터 10m 내외까지 넓은 영역의 신호를 인식하는 BLE(Bluetooth Low Energy·저전력 블루투스 기술) 방식이 핵심이다. 서울시는 향후 서울시 전역 지하철에 태그리스를 도입할 계획이다. 태그리스가 확산되면 카드나 모바일앱을 꺼내고 멈춰 태그하는 절차가 생략돼 개찰구 혼잡도를 줄일 수 있고 양손에 많은 짐을 들고 있거나, 영유아 손을 잡고 다니는 일반 대중들, 그리고 장애인과 노약자 등 교통약자의 이동편의성 또한 확대될 것이라는 기대가 크다.

'보험왕'은 이제 사라진다, 대출도 더 쉽고 빠르게

최근 보험업계는 '디지털 전환'에 집중하고 있다. 코로나 이후 금융시장 환경이 온라인·모바일 기반으로 빠르게 변화하고 있는데다 대면 영업 중심으로 활동하던 설계사들도 서서히 비대면 영업을 선호하는 경향으로 바뀌고 있기 때문이다.

2022년 보험연구원이 보험사 최고경영자(CEO) 38명을 대상으로 진행한 설문조사를 보면, 보험사 CEO의 92.1%가 향후 1년간 디지털 전략의 중요도가 증가할 것이라고 응답할 만큼 디지털 전환을 최우선 과제로 꼽는 보험사가 많아졌다.

금융업계에 따르면, 올해 보험사들이 '디지털 전환 가속화'와 '모바일 경쟁력 제고'를 최우선 과제로 삼고 있다. 디지털 사업 부문 조직을 신설·확대하고, 모바일 플랫폼 개발 사업에 인력과 자본을 투입하고 있다.

한화생명금융서비스 디지털 플랫폼 '오렌지트리'로 영업 지원

대표적으로 한화생명의 판매 자회사인 한화생명금융서비스는 2022년 10월 출시한 디지털 플랫폼 '오렌지트리'를 통해 영업을 지원하고 있다. 오렌지트리는 보험판매대리점(GA) 소속 설계사의 통합 영

한화생명금융서비스가 2022년 10월 출시한 통합 영업지원 디지털 플랫폼 '오렌지트리'
출처: 한화생명

업 지원 플랫폼이다. 그동안 여러 생명보험·손해보험사의 보험 상품을 전반적으로 취급하는 GA 활동 설계사들은 각 보험사의 시스템에 개별 접속해야 하는 등 불편함이 있었는데, 오렌지트리 플랫폼은 설계사가 한 번만 로그인하면 여러 제휴 보험사의 영업지원시스템에 접속할 수 있도록 개발됐으며, 고객 정보 입력도 한화생명금융서비스와 제휴사 시스템에 연동되어 자동 반영된다.

이 외에도 미래에셋생명금융서비스가 설계사 영업 지원 디지털 플랫폼을 구축했고, 메트라이프생명도 인공지능(AI) 기반 설계사 교육 통합 플랫폼 '팁(TIP·Training Integration Platform)'을 출시하는 등 모두 설계사들의 교육과 함께 고객 상담, 보험 상품 추천, 계약 체결까지의 편의성을 높이는 역할을 하고 있다.

보험업법 시행령 개정, 보험업계의 디지털 전환 가속

금융위원회는 보험산업의 디지털화 및 신상품 출시를 지원하고 소비자 보호를 강화하기 위한 '보험업법 시행령' 및 '보험업감독규정'을 개정하고, 2023년 7월부터 이러한 내용의 새로운 제도가 시행된다고 발표했다.

우선 화상통화나 하이브리드 방식을 통한 보험모집이 허용된다. 하이브리드 방식은 스마트폰으로 보험 설계사의 안내를 들으면서 동시에 화면으로 보험 설명서 등을 보는 방식을 말하는데, 초기에는

현행 비대면 보험모집 방식

새로 허용되는 방식

2023년 7월부터 허용된 하이브리드, 화상통화 방식의 보험모집
출처: 금융위원회

혁신금융서비스를 신청한 일부 보험사만 이를 활용할 수 있었지만 2023년 7월 6일부터는 모든 보험회사가 하이브리드 방식을 쓸 수 있게 됐다.

또, 현재 비대면으로 진행되는 전화모집의 경우 소비자가 보험설계사로부터 음성 통화를 통해 보험상품을 이해한 뒤 청약을 진행해야 하는 어려움이 있었는데, 앞으로는 스마트폰을 통해 음성으로 설명을 들으면서 글과 이미지를 결합한 설명서를 직접 볼 수 있게 돼 보험상품에 대한 이해도를 높일 것으로 기대되고, 소비자가 사무실이나 집에서 화상통화로 보험에 가입할 수 있어 시간과 비용이 절감될 것으로 보인다.

최근에는 고객의 편의성을 높이기 위해 인공지능(AI) 기술을 이용하여 디지털 전환을 가속화하는 보험사도 많다.

신용정보원과 보험업계에 따르면, 국내 금융AI 시장은 2019년 3,000억 원에서 2021년 6,000억 원 가량으로 연평균 45.8% 증가했으며, 2026년까지 연평균 38.2% 성장해 3조 2,000억 원의 시장을 형성할 것으로 예상되는데 이에 보험사들도 다양한 분야에 AI 기술을 도입하며 업무 효율성을 높여나가고 있다.

AI기반 고객센터 오픈 교보생명,
보험청구 서류 심사 AI가 대신하는 한화생명

교보생명은 지난 2023년 2월 AI 기반 고객센터인 인공지능 컨택센터(AICC)를 오픈했다. 콜센터와 다이렉트센터 업무에 대화형 AI를 구현한 음성봇을 도입해 고객 보험가입 시 완전판매 실천을 확인하는 모니터링 업무를 수행하고, 고객 목소리를 문자로 변환해 분석하는 통화 품질 모니터링 서비스인 음성문자변환(STT)·텍스트분석(TA) 기술을 반영해 상담사가 전화로 설명한 다이렉트 계약 건에 대해 AI가 자체적으로 평가하고 계약 체결을 지원한다.

한화생명은 AI 전문기업인 업스테이지와 함께 OCR(광학문자인식) Pack을 공급 받아 진료비영수증 등 보험청구서류 5종 문서를 효율적으로 처리할 예정이다. OCR은 이미지 내 문자를 텍스트 데이터로 읽고 원하는 항목의 데이터를 추출하는 기술로 전자문서나 각종 서류를 효율적으로 처리하며, 한화생명은 앞으로 이미지 비정형 데이터를 확보함으로써 데이터 활용영역을 더욱 확대하고 디지털 혁신을 가속화 할 계획이다.

한편 2024년 1월 19일부터 플랫폼에서 자동차보험과 용종보험을 비교하고 가입할 수 있게 됐다. 혁신금융서비스 사업자로 지정된 11개 핀테크사가 운영하는 플랫폼을 통해 여러 보험회사의 온라인 보험상품을 비교하고 적합한 보험상품도 추천받을 수 있게 됐다. 여기에는 카카오페이, 비바리퍼블리카, 뱅크샐러드, 네이버파이낸셜 등이 뛰어들었다. 가입자가 많아 제3의 의무보험으로 손꼽히는 실손보험과 저축성보험, 여행자보험, 펫보험, 신용보험 등 다양한 보험 상품 비교·추천 서비스도 연내 출시를 앞두고 있다.

상품 들고 나오면 자동 결제...
인공지능(AI) 스마트 편의점

출입부터 상품 구매, 결제 등 편의점 소비 전 과정에서 사람이 개입하지 않고 첨단 기술만으로 운영되는 스마트 편의점이 증가하고 있다. 스마트폰 QR코드나 신용카드 등을 통해 입장해 자유롭게 쇼핑할 수 있으며, 원하는 상품을 들고 나오면 자동으로 결제되는 등 쇼핑에 최적화된 첨단 기술이 적용되어 운영되고 있다.

사람 없이 인공지능만으로 완벽한 무인 편의점 구현한 GS25

우선 GS25는 사람 없이 인공지능(AI) 솔루션만으로 운영되는 스마트 편의점 'GS25 DX 랩(LAB) 가산스마트점'을 오픈했다.

서울 금천구 가산디지털단지역 인근의 'GS25 DX 랩(LAB) 가산스마트점'은 출입부터 접객, 상품 구매, 결제 등 편의점 소비 전 과정이 사람 개입 없이 이뤄지는 점포인데 스마트폰 QR코드 등을 통해 입장해 원하는 상품을 들고나오면 자동으로 결제되는 '테이크앤고(Take&Go)' 편의점이다.

이 점포는 한국인터넷진흥원, AI 스타트업 파인더스에이아이와 추진한 3차 협업 프로젝트를 통해 구축했으며, 제한된 고객만 이용 가능했던 기존 스마트 편의점과 달리 누구나 이용할 수 있는 완전 개

GS25가 서울 금천구에 오픈한 'DX LAB 가산스마트점'
출처: GS리테일

방 형태로 운영된다. 18평 규모의 매장에서는 담배, 간편식, 음료 등 1,000여 종의 상품을 판매하며, 우리동네GS앱 내 QR코드나 신용카드, 카카오 QR코드 등을 출입문에 스캔한 뒤 입장할 수 있다.

입장 후에는 매장 내에 설치된 60대의 AI 카메라가 고객 행동을 인식하고 상품 매대별로 장착된 190여 개의 무게 감지 센서가 상품 이동 정보를 실시간 수집해 고객이 어떤 상품을 얼마나 골랐는지 판단한다. 고객이 선택한 물건을 들고 전용 게이트를 빠져나올땐 AI 결제 시스템이 자동으로 결제 처리하고 모바일 영수증을 제공한다. '1+1', 가격할인 등 각종 구매 혜택도 자동으로 반영되고, 고객이 미처 챙기지 못한 증정품은 앱 보관시스템인 '나만의 냉장고'에 저장해 언제든지 가져갈 수 있도록 안내한다.

고객의 소비 경험을 위한 첨단 기술 외에도 운영자를 위한 AI 기술도 적용되는데 GS25는 고객의 다빈도 구매 상품 및 이동 동선 분석 자료를 기반으로 매출을 극대화하는 마케팅 기법 등을 개발하거나 최적의 재고량을 유지할 수 있도록 자동 발주 시스템을 연동하는 등 운영 효율을 높일 수 있는 AI 기술을 순차적으로 도입할 계획이다.

입장-쇼핑-계산 빠르게 이마트24 스마트 코엑스점

'완전 스마트 매장'인 이마트24 스마트 코엑스점은 기존보다 입장 시간을 효과적으로 단축하는 '원스톱 게이트' 시스템을 도입했다. 완전 스마트 매장은 AI 비전, 무게 센서, 클라우드 포스(POS) 등 리테일 테크를 통해 자동으로 결제되는 매장으로, 신세계아이앤씨가 자체 개발한 '셀프서비스 스토어' 기술이 적용됐다.

최근에는 그동안 쌓인 구매 데이터를 기반으로 매장 입장 과정을 간소화하는 '원스톱 게이트'를 도입했다. 원스톱 게이트는 게이트에서 신용카드를 인증하기만 하면 입장할 수 있는 시스템이다. 기존에는

'원스톱 게이트' 기술이 도입된 이마트24 스마트 코엑스점
출처 : 이마트24

키오스크를 통해 고객이 신용·체크카드를 인증한 후 휴대전화로 전송받은 QR코드를 다시 게이트에 인식한 뒤에야 입장할 수 있었는데, 원스톱 게이트 도입으로 기존 15~20초까지 걸리던 입장 시간을 절반 이상 줄였다.

2023년 1월부터는 신세계아이앤씨의 '스파로스 인공지능(AI) 수요예측' 시스템을 도입해 이전에 1시간 이상 소요됐던 발주 시간을 5

분으로 줄였다. 스마트 코엑스점에서는 상품 자동학습 기술도 운영 중인데, 기존에는 상품판매 전 AI에게 상품 정보를 학습시켜야 했지만, 자동학습 기술을 통해 AI가 스스로 학습할 수 있게 됐다. 이같은 혁신적인 기술 도입으로 스마트 코엑스점 평균 매출과 방문객은 지난 2021년 같은 기간 대비 2배가량 늘어났다.

테크 프렌들리 실현하는 CU

CU도 완전 무인 편의점을 운영하고 있다. 2021년 1월 인천시 연수구 삼성바이오에피스 사옥 내에 'CU 삼성바이오에피스점'을 선보인 이후 현재 전국 4곳에 '테크 프렌들리 CU'를 운영하고 있다.

매장을 이용하려면 테크 프렌들리 CU 입구에 설치된 안면 등록 키오스크에서 안면 정보와 'CU 바이셀프' 정보를 최초 1회 등록하면 된다. 재방문 시에는 휴대폰 없이 페이스 스캔만으로 매장에 출입할 수 있다. 점포 내부에 설치된 비전캠(상품 이동 추적), 모션캠(동선 추적), 360캠(매장 전경 촬영) 등 약 30대의 AI카메라와 15g의 무게 변화까지 감지하는 선반 무게센서가 고객의 최종 쇼핑 리스트를 파악하면 클라우드 POS 시스템이 이 정보를 상품 정보, 행사 정보 등과 결합한다. 고객들은 증정행사, 결제 수단별 이벤트, 멤버십포인트 사용 및 적립, 통신사 할인 등 편의점 특유의 할인, 적립 혜택을 일반 점포와 동일하게 적용 받을 수 있다. 결제는 점포 게이트를 통과하는 즉시 사전에 등록한 CU의 셀프 결제 앱 'CU 바이

테크 프렌들리 CU매장 내부
출처: BGF리테일

셀프'를 통해 자동으로 이뤄지며 영수증 역시 'CU 바이셀프'로 전송되어 편리하게 편의점을 이용할 수 있다. "할인카드 있으세요" "적립카드 있으세요" "원플러스 원 상품인데 괜찮으세요" "편의점 행사 중인데 이 제품으로 바꾸는 게 어떠세요" 같은 멘트는 이제 편의점에서 굿바이다.

로봇·AI 기술로 입고·보관·출고까지 모두 자동으로 처리하는 '스마트 물류'

어떻게 이렇게 빠르고 정확하게, 잠들기 전에 주문한 물건이 아침에 눈뜨면 우리집 앞에 와있는 걸까. 핵심은 로봇, 인공지능 등의 첨단 디지털 기술이다. 물류 로봇이 자동으로 물건을 정리·보관하고, 드론이 배달을 하면서 작업자의 피로도를 낮추는 것은 물론, 물류 작업의 효율성도 높이고 있다.

물품의 입고·보관·출고까지 모두 자동으로 처리하는 '스마트MFC'

서울 도심 주유소에서는 물류 로봇이 자동으로 물건을 정리·보관해주고, 드론 배달부가 날아다니는 '첨단 물류센터'가 조성됐다. GS칼텍스가 서울 서초구 내곡주유소에 최첨단 자동화 시설을 갖춘 '스마트MFC(마이크로 풀필먼트 센터, Micro Fulfillment Center)'를 조성하고, 2023년 11월부터 디지털 물류 서비스를 시작한 것이다.

스마트MFC는 주문 수를 분석·예측해 물품을 입고 및 보관하고 배송까지 처리할 수 있는 소규모 물류 공간으로, 무인으로 운영되며 물품의 입고·보관·출고까지 모두 자동화로 처리한다. 이 시설을 이용하는 판매자는 상품을 물류 회사에서 도심 외곽에 있는 허브터미널까지 보내는 과정을 생략할 수 있고, '새벽배송'과 같은 신속한 배송이 가능한데 지역 주민과 주유소 고객은 생활 물품 보관·픽업서

서울 서초구 GS칼텍스 내곡주유소 내 스마트MFC 전경
출처: GS칼텍스

비스 등을 이용할 수 있다.

스마트MFC에서는 로봇 6대가 하루에 3,600개의 물품을 자동 처리한다. 스마트 물류 서비스를 위해 적용한 오토스토어 자동화 시스템은 보다 빠르고 편리한 물품 보관·출고가 가능하도록 지원한다.

스마트MFC 오토스토어 자동화 시스템
출처: GS칼텍스

사람과 지게차 이동을 위해 통로 간 공간 확보가 필수인 기존 물류 시설과 달리, 스마트MFC에서는 물품을 압축 보관할 수 있어 일반 창고 대비 4배가량 효율이 좋다.

차세대 물류 로봇으로 스마트 물류 실현

LG전자는 자율주행 기반의 차세대 물류 로봇인 LG 클로이 캐리봇(CLOi CarryBot)을 통해 스마트 물류를 실현하고 있다.

LG전자는 2022년 10월, 인공지능(AI) 물류 플랫폼 기업인 파스토(FASSTO)와 서울 강서구 LG사이언스파크에서 물류 로봇 솔루션 공급 및 시스템 개발 협력을 위한 업무협약(MOU)을 체결하고, 자율 주행 기반의 오더피킹(Order Picking) 로봇과 물류 시스템 간의 연동 개발, 물류 거점별 최적화된 로봇 운영 프로세스 구축, 물류 센터 내 로봇 솔루션 적용 확대 등을 단계적으로 진행하기로 했다.

물류 로봇은 물류 창고 등 넓고 복잡한 공간에서 수십 대 이상이 동시에 움직이는데 이를 제어하기 위해 인공지능(AI) 기반의 자율주행, 로봇 간 상호작용을 위한 통신 기술, 주변 정보를 수집하는 빅데이터 처리 등 고도화된 관제 기술이 중요하다. LG 클로이 캐리봇은 자율주행과 장애물 회피 기술 기반, 대량의 물건을 적재해 스스로 경로를 찾아 목적지로 운반하는 차세대 물류 로봇으로, 위험하거나 단순하고 반복적인 업무는 로봇이 맡고, 작업자들은 더욱 가치 있는 경험과 업무에 집중할 수 있다.

예를 들어, 기존에는 작업자가 직접 상품의 위치를 파악 후 일일이 짐차에 적재해 목적지로 이동하는 방식이었다면, 클로이 캐리봇은

LG 클로이 캐리봇(CLOi CarryBot)이 파스토의 스마트 물류 센터인 용인2센터에서 작업자와 협업해 업무를 수행하고 있다.

출처: LG전자

입력된 상품의 위치까지 스스로 이동해 작업자가 적재하는 상품을 싣고 목적지까지 운반하여 작업자의 피로도를 낮추는 것은 물론, 물류 작업의 효율성도 높이고 있다.

산업용 로봇·스마트 물류로 무인화·지능화·가상화 구현

포스코DX는 물류산업 변화와 노동력 부족 등 급변하는 물류환경에 대응하기 위해 로보틱스 기술, 인공지능(AI), 디지털트윈(DT) 등 물류 적용 솔루션을 준비하고, 지속 가능한 스마트 물류센터로 나아가고 있다.

포스코DX는 미리 지정한 경로를 따라 이동해 일정한 반복작업이 가능한 로봇인 'AGV(무인운반차)'와 공간을 효율적으로 활용이 가능한 자동창고 등 로보틱스 기술을 양극재 생산 자동화설비 등에 적용했는데, 이를 통해 비용을 절감하고 작업 효율성을 향상했으며, AI Vision기술을 활용한 화물 형상 자동 인식·분류, 상하차 적재량 인식 등 AI 기술도 한진택배 메가허브 터미널 구축 사업에 적용됐다. 이 외에도 로봇에 대한 통합 관제와 실제 물류센터를 가상으로 모델링한 디지털트윈 기반의 통합관제시스템을 적용해 운영 효율성과 안전성, 생산성을 높여나갈 계획이다.

PART 3

대한민국은 이제
디지털플랫폼정부다

2024년은 정부 서비스 이용에 엄청난 혁신이 시작되는 해다. 우리가 공공서비스를 이용하기 위해 수없이 발급받아야 했던 '구비서류'가 사라진다. 심지어 인감증명 제도 역시 도입 110년만에 디지털로 전환된다. 2025년 1월부터는 집을 사고판 뒤 소유권 이전 등기를 할 때 인감증명서를 제출하지 않아도 된다. 현재 인감증명을 요구하는 정부 사무는 총 2,608건. 정부는 이중 82%에 달하는 2,145건을 없애겠다는 목표다. 이 혁신의 이름은 바로 '디지털플랫폼정부'다.

이런 세상은 더 이상 편하지 않다

정부 서비스를 이용하려고 하면 그야말로 서류와 씨름하는 기분이다. 주민등록등본, 가족관계증명서, 건강보험 자격득실 확인서, 고용보험가입내역서, 인감증명, 재직증명서, 원천징수확인서 등등 이 나라의 국민임을, 한 사람의 개인임을, 한 가족의 일원이자, 회사 조직의 일부임을 증명해야 하는 서류를 제출하고 나서야 우리는 정부가 마련한 서비스를 비로소 이용할 수 있다. 하나의 서류를 제출하기 위해 수없이 들락날락한 인증센터, 툭 하면 말썽인 공동인증서(구 공인인증서), 그리고 그동안 컴퓨터에 수없이 깔리고 지워지기를 반복한 액티브엑스, 키보드 보안 프로그램 등등을 생각해보면 공허해지기도 한다.

"아, 우리나라 디지털 강국이라고 하는데… 왜 이렇게 불편하지?"

사실 이런 건 일상적이고, 소소한 이벤트에 불과하다. 어떻게든 기다리고 버티고 참다 보면 해결은 됐다. 문제는 준 재난 상태에서 우리가 인터넷으로 정부서비스를 이용해야 할 때다. 대표적인 예가 코로나19 백신예방 접종 예약 대란이다. 2021년 7월, 50대 백신예방 접종에 한꺼번에 수만 명의 국민이 몰려들며 질병관리청 접종 예약 사이트에 과부하가 걸리고 먹통이 됐다. 대기인원 33만 명, 예상대기시간은 4,953분이라는 절망적인 안내, 그리고 질병관리청 홈페이지 자체는 한동안 '멈춤'이었다. 50대 국민 백신예방접종 예약에 대란만 4번이 벌어졌다. 질병관리청이 당초 준비한 컴퓨터 서버는 4대. 그러나 접속 인원이 폭증하자 10대로 늘렸다. 한 번에 600만 명이 몰리는데 이 서버가 감당할 수 있는 수는 30만 명대에 불과했다. 부랴부랴 조달청에 예약 시스템 서버장비 임차를 위한 입찰공고를 냈지만 서버 증설이 하루아침에 되는 일은 아니었다. 백신예약 대란 이후 전문가들은 '민간이 운영하는 외부 서버를 적극 활용하라'고 권고했다.

세상은 너무 빨리 변하고 있다. 국민들은 이미 민간이 제공하는 빠르고 편리한 서비스에 익숙하다. 종이로 출력해 제출하던 것을 인터넷으로 발급받아 PDF로 전환한 뒤 메일이나 스캔본으로 보내는 방식은 도저히 '디지털'의 영역으로 인정할 수 없게 됐다. 포스트 코로나 시대, 세상은 예상보다 빠르게 디지털 전환을 이뤄내고 있는데 대한민국 공공기관만 구시대의 전자정부에 머물러 있다는 비판과 국민의 불신이 이어졌다. 2022년 9월 윤석열 정부는 디지털플랫폼정부위원회를 출범하고 2023년 4월 14일 디지털플랫폼정부 실현계획을 발표했다. 윤석열 대통령은 이렇게 말했다.

"디지털플랫폼정부는 전자정부의 업그레이드가 아닌, 차원이 완전히 다른 것."

그렇다면 디지털플랫폼정부란 정확히 무엇인가, 기존의 전자정부와는 무엇이 다른 건가.

우선 우리나라는 '전자정부' 선진국은 맞다. 2023년 OECD 디지털정부 평가에서 1위를 차지하며 2회 연속 종합 1위를 달성했고, 2022년에는 UN 전자정부평가 전자정부 발전지수 3위를 차지했다. 전자정부의 시작은 1994년으로 거슬러 올라가는데, 김영삼 정부 시절 최초로 '정보통신부'가 만들어지며 정보통신의 인프라 구축이 시작됐다. 김대중 대통령은 초고속 통신망에 적극 투자하고, 노무현 대통령에 이르러서는 전자정부를 구체화하기 시작했다. 이런 일련의 과정을 거쳐 정부서비스의 디지털화는 이뤄냈으나, 국민은 편하지가 않다. 여전히 사람들이 조금만 몰려도 접속에 장애가 생기는 문제가 남아있고, 서비스 사각지대도 해소되지 못했다.

전자정부라는 타이틀로는 큰 발전과 성과를 이뤄냈는데, 왜 이런 문제가 남아있을까. 우선은 그동안은 정부가 혼자 해결하고 이끌어가는 '공급자 위주'의 전통적 방식이었기 때문이다. 각 부처와 기관은 전문화와 분업화 원리에 따라 개별적 시스템을 구축해왔는데, 그 결과 현재 공공부문 814개 기관, 1만 7,090개 시스템이 각자 업무영역에서 서비스를 제공하게 됨으로써 부처간 칸막이가 심화하고, 정보시스템 데이터 공유가 원활하지 않게 됐다. 이런 문제는 국민이 원하는 통합적, 선제적, 맞춤형 서비스를 제공하는데 한계가 있다.

예를 들어 정부24 사이트가 중앙 행정기관 서비스를 제공하고는 있으나, 이를 통해 제공되는 온라인 신청 민원 2,537종 중 1,503종은 단순히 다른 사이트를 링크한 것에 불과하다(22년 11월 기준). 즉, 기초연금 지급신청을 하러 정부24에 들어가도 보건복지부로 이동해야 하고, 고용보험자격취득신고는 고용노동부, 가족관계증명서는 대한민국법원 전자가족관계등록시스템 사이트로 이동해야 발급받을 수 있는 것이다. 사이트마다 아이디도 다 따로 만들어 관리해야 하고, 사이트의 구성이나 이용 절차, 표현도 일관성이 없어 직관적이지 못하고 헷갈리기 일쑤였다. 서류만 발급받으면 되는 이 간단한 일을 아이디부터 찾느라 한 세월을 보내야 했던 셈이다. 어차피 정부가 관리하는 개인의 서류를 국민이 직접 발급받아 다른 기관에 여기

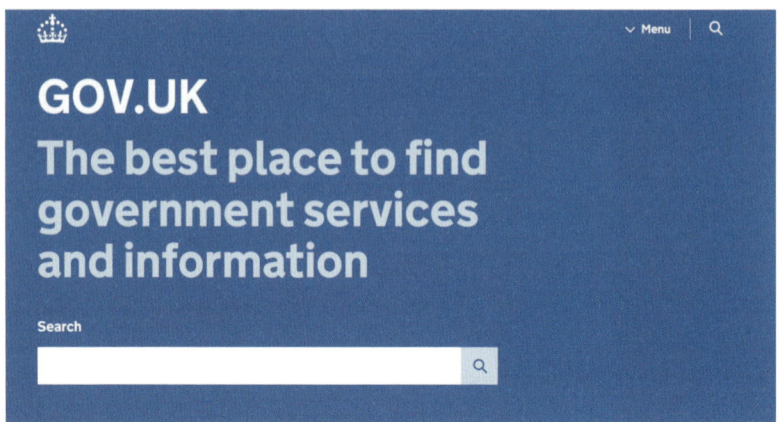

영국의 단일 플랫폼 'GOV.UK'
출처: GOV.UK 캡처 화면

저기 제출하기보다, 하나의 사이트에서 통합해 한꺼번에 하나의 아이디로, 전자문서 형태로 주고받을 수 있었다면 얼마나 편했겠는가. 얼마나 많은 국민과 공무원의 시간을 아끼고, 서류발급에 필요한 비용과 에너지를 아낄 수 있었겠냐는 말이다. 실제 행정안전부에 따르면 국민이 발급하는 민원 증명 서류는 한 해 7억 건 이상이고 이중 30%만이라도 디지털로 대체한다면 연간 1조 2,000억 원의 사회적 비용을 절감할 수 있다고 예측했다.

선진국에선 이미 정부 주도로 많은 공공서비스의 통합을 이뤄냈다. 영국의 경우 GDS(Goverment Digital Services, 정부디지털서비스청) 주도로 2,000개 이상 공공기관 웹사이트를 단일 플랫폼(GOV.UK)으로 통합해 맞춤형 통합형 직관형 온라인 정부 서비스를 선제적으로 제공하고 있으며, 미국에서는 국민의 생애주기별 변화에 따른 서비스를 선제적으로 제공한다. 예를 들어, 출산·육아를 하는 국민에게 다양한 혜택이 모아진 꾸러미를 제공하고, 관련 지원에 대한 최신 정보 및 병원 연계 서비스를 SMS로 제공하여, 출산·육아에 대한 정보를 한꺼번에 받아볼 수 있을 뿐만 아니라 선제적 서비스 제공으로 정보 접근성을 향상했다. 아울러 정부 데이터 개선 및 연계로 재정적 어려움에 처한 국민이 단 하루 만에 혜택 신청부터 결과 확인까지 가능하도록 서비스를 개선했다. 군 전역 후 사회복귀하는 국민에게는 제대 후 기존 군 경력을 활용하거나, 군인이 아닌 아예 새로운 삶을 설계할 수 있도록 맞춤형 통합정보를 디지털 기반으로 제공한다. 덴

마크는 전자거래나 정부포털 접근에 활용할 수 있는 eID를 발급해 국민 신원확인에 활용한다. eID는 모든 공공 디지털 서비스와 은행, 보험회사 및 민간회사와 같은 수많은 개인 디지털서비스에 접근할 수 있다. 시작은 정부가 금융기관과 공동으로 구상하고 개발한 것이나, 단순히 금융서비스에만 그치지 않고 국가 공공서비스와 다른 민간서비스로 사용처를 확대하며 성공사례를 만들었다.

국민의 민원, 정부의 서비스
이제 '디지털 플랫폼' 위에서 한 번에 끝낸다

디지털플랫폼정부는 모든 데이터가 융합되는 디지털 플랫폼 위에서 국민, 기업, 정부가 함께 사회문제를 해결하고 국민에게 더 편리한 서비스를 제공하며, 국민과 기업이 새로운 가치를 창출할 수 있도록 돕는다. 디지털플랫폼정부는 과학적 데이터를 기반으로 국민의 필요를 파악하고, 정부가 먼저 복지혜택을 알려준다. 민간의 최신 디지털 기술과 혁신 역량을 정부가 적극 활용하고 반대로 정부가 가진 데이터를 기업도 활용할 수 있게 개방한다. 민간이 함께 사회문제를 해결하며 새로운 가치를 창출하는 선순환 생태계를 구현한다.

즉 전자정부는 국민이 민원서류를 민원센터 창구가 아닌 인터넷으로 발급받아 이용할 수 있게 한 것이라면, 디지털플랫폼정부는 "정부 부처끼리 주고받으면 되는 서류를 왜 국민이 직접 떼서 다른 기관에 내는 수고를 해야 하나?"라는 의문에서 출발한 정책이자, 모든 걸 국민의 시각으로부터 다시 시스템을 설계하는 정책으로 "국민의 민원을 한 곳에서 한 번에 끝낸다"가 모토다. 이를 위해 2023년 4월 대통령직속 디지털플랫폼정부위원회가 발족했고, 정부는 2024년 디지털플랫폼정부위원회 예산으로 9,386억 원을 확정했다. 2024년은 기존 정부 시스템인 정부24, 홈택스, 복지로 등 주요 시스템과 서비스의 통합이 본격 추진되고 지방행정공통시스템 고도화도 추진된다. 2025년은 디지털플랫폼정부가 전면화되고 성숙 단계에 진입할 예정이다. 행정절차 전면 디지털 전환으로 '첨부서류 제로화'와 '민원신청 전면 온라인화'가 이뤄질 전망이며, 앞서 말한 인감 등 아날로그 본인인증을 대체할 수 있는 디지털인증도 도입된다.

특히 2026년은 디지털플랫폼정부의 완성기라고 볼 수 있다. 이때가 되면 현재 온라인으로 제공되는 공공서비스 1,500여종이 통합돼 국민은 하나의 아이디로 단 한 번의 로그인만 하면 모든 정부 서비스를 이용할 수 있다. 각종 서류를 발급받고 제출하느라 여기저기 사이트와 각 기관을 헤맬 필요가 없어진다. 첨부서류 제로화로 공공부문의 종이 사용량도 50% 감축되고, 국민의 시간과 비용도 약 2조 원 가량 절감을 기대할 수 있다. 국민 개개인의 상황에 맞춰 AI가 먼저 정부 혜택을 알려주는 '혜택 알리미' 서비스가 24시간 작동해 그동안 국민이 몰라서, 바빠서, 당연히 누려야 할 혜택을 놓치는 일도 없어질 것이다. 인공지능 기반 복지서비스로 복지 사각지대를 해소하고, 재난·재해 관련해서도 AI가 1차적인 업무를 지원함으로써 더욱 신속하고 효과적으로 대응할 수 있게 된다. 이 외에도 관련 기업 육성과 일자리 창출, 신기술 개발 등도 기대할 수 있게 된다.

한편 고진 디지털플랫폼정부위원장은 2023년 1월 열린 세계경제포럼(WEF) 정부 기술(Gov Tech)세션에 참여해 데이터를 중심으로 문제점과 해결방안을 고민하고, 민간이 함께 참여해 효율적인 정부를 구현하려는 우리나라의 '디지털플랫폼정부' 정책을 소개했다. 고진 위원장은 이 자리에서 "우리나라가 그동안 개발도상국을 대상으로 전자정부 경험을 공유한 것처럼, 디지털플랫폼정부도 우리나라가 선도적으로 구축해 디지털 혁신의 경험을 전 세계가 참고할 수 있도록 모범사례를 만들겠다"고 강조했다. 세계경제포럼은 우리 정부에 관련 기고글을 요청했고 위원회는 '대한민국의 새로운 혁신전략: 디지털플랫폼정부(Korea's new innovation strategy: Digital Platform Government)'라는 주제의 글을 게재했다. 위원회에 따르면 "각국의 디지털 정부 의사결정자들과 디지털 혁신에 대한 아이디어를 논의하는 과정에서 참석자들은 우리나라를 디지털 선도국가로 인정하면서, 우리나라의 경험과 성과에 대해 큰 관심을 표명했다"고 밝힌 바 있다.

TIP

디지털플랫폼정부 구성의 핵심

1. 애니아이디(Any ID) : 어떤 정부사이트든 하나의 아이디로 간편하게 로그인해 사용. 국민이 자주 이용하는 카카오, 네이버 등 민간 ID로도 공공웹사이트 이용 가능

2. 혜택알리미 : 국민이 직접 알아보거나 신청하는 수고를 줄이고 알아서 '초개인화' 혜택을 정부가 선제적으로 제공. 이를 위한 행정 서비스용 데이터, 금융 마이데이터 등 민간 플랫폼 서비스 활용. 중요한 것은 수많은 정보 중 원하는 정보를 쉽게 찾는 기술. 때문에 내부 문서 또는 데이터베이스와 연동해 지능형 답변을 추출하고 자연스러운 문장으로 생성하는 검색증강 생성서비스 기법 활용. 예를 들어 출산지원 관련 혜택을 제공한다고 가정했을 때 네이버, 카카오 등 대형 포털 사업자와 토스 등 은행 관련 스타트업 플랫폼을 통해 정부의 디지털 지갑 서비스 연계. 이용자는 민간 플랫폼에서 출산 지원금 등 관련 혜택 확인하고, 출산용품 추천 서비스 이용. 정부는 기본 혜택서비스 알림 확대하고, 국민은 다양한 채널로 부가정보를 얻으며, 민간기업은 부가가치 창출.

3. 구비서류 제로화 : 각종 공공서비스 이용 시 필요한 서류를 발급 받느라 소모해야 했던 시간, 비용, 종이 절약. 구비서류 제로화가 실현되면 공공부문의 종이 사용량 50% 감축, 연간 2조 원 가치에 달하는 국민의 시간과 비용 절감 기대.
   이미 미국에서는 2019년부터 모든 정부부처 문서를 전자화해 '종이 없는 정부' 정책을 발표하고, 나아가 정부기관이 전자 기록으로

전환함에 따라 많은 기관이 전자적으로 저장된 정보를 분류하기 위해 새로운 기술을 실험하고 있다. 미국 국토안보부는 2022년 모든 보안 및 기밀 문건을 클라우드 기반의 디지털 문서 관리 체계로 전환을 진행 중이다. 유럽연합(EU)은 특히 의료부문 디지털 전환에 100% 전자문서로 의료 서비스를 제공할 계획이고, '디지털 지갑(The EU Digital Identity WalletQR)'을 통해 종이 없이 주요 민원 서비스를 모바일 환경에서 개인이 모두 제공받을 수 있게 한다는 계획이다. 에스토니아는 유럽 중 디지털정부 구축과 운영의 선두주자로 꼽힌다. 2014년 이미 디지털 주민 시스템을 구축하고, 현재 정부서비스 중 93%를 디지털 서비스로 전환하는데 성공했다.

디지털플랫폼정부 실현 핵심과제 DPG허브, 그리고 클라우드 네이티브

정부 시스템과 수많은 데이터, 그리고 정부와 민간을 연결하는 하나의 중심. 디지털플랫폼정부가 실현되려면 디지털플랫폼정부 허브(DPG허브) 구현은 필수 요소다. DPG허브는 디지털플랫폼정부의 최상위 통합 플랫폼이다. 정부부처간, 민간과 공공간 데이터가 서로 연결될 수 있도록 서비스 칸막이를 없애고, 민간주도의 혁신 서비스가 창출될 수 있도록 지원하는 역할을 한다. DPG허브는 다른 시스템이나 소프트웨어에 시스템 기능을 제공할 수 있는 API(Application Programming Interface, 컴퓨터나 컴퓨터 프로그램 사이를 소통하고 상호작용 하기 위한 규약) 기반으로 구현하는데, 이 말은 즉 정부가 '행정서비스 공급'에 그치는 것이 아닌, 행정 플랫폼 제공자로 변화하는 것이다. 이렇게 되면 국민이 이미 익숙하게 사용하고 있는 민간 애플리케이션과 정부 시스템간 API를 연계해 서비스를 제공함으로써 국민의 편의성이 향상된다. 국민이 자주 사용하는 카카오톡이나 네이버 등 민간 애플리케이션에만 접속해도 정부 서비스를 한자리에서 이용할 수 있게 되는 것이다. 그리고 디지털플랫폼정부 구현으로 공공기관의 업무 효율성을 높이고 대국민 행정서비스 만족도를 높이는데 핵심은 바로 '클라우드 네이티브'다.

뭐든지 '크면' 안정적이다. 하지만 그만큼 무겁고, 느리며 복잡하다.

뭐 하나 고장이 나도 전체를 다 뜯어고쳐야 하니 오류=먹통과도 같은 수준으로 대접받았다. 기존의 우리나라 공공 시스템에 대한 이야기다. 디지털 전환 수요는 앞으로 더욱 폭증할 것이고, 가까운 미래에는 더 많은 요구와 확장이 필요한데 이렇게 덩치가 큰 상태로 두고 볼 수는 없었다. 그래서 이걸 필요에 따라 쪼개고, 빠르게 개발하며, 오류에 대한 대응도 민첩하게 할 수 있는 컴퓨팅 시스템의 도입 확장을 앞두고 있다. 이걸 우리는 '클라우드 네이티브(컴퓨팅)'이라고 부른다.

클라우드 네이티브란 "클라우드를 클라우드 답게 쓰는 것"이라고 정부는 설명한 바 있다. 클라우드 네이티브란 무엇인가. 우선 클라우드는 데이터를 인터넷과 연결된 중앙컴퓨터에 저장해서 인터넷에 접속하기만 하면 언제 어디서든 데이터를 이용할 수 있는 클라우드 컴퓨팅을 말한다. '클라우드 네이티브'라는 용어는 클라우드에서 소프트웨어를 개발하는데 사용되는 도구와 기술에 대한 포괄적 설명이다. 단순히 클라우드를 채택하는 것을 지칭하는 단어가 아니다. 즉, 애플리케이션(Application, 응용 소프트웨어)이 배포되는 위치가 아니라 애플리케이션이 개발되고 배포되는 방식 그 자체다. 기존의 소프트웨어는 너무 컸다. 그래서 빠르게 테스트를 하거나, 오류가 생겼을 때 신속하게 고치는 일이 어려웠다. 어느 한 부분에 문제가 생겼을 때 그 부분만 고치는 게 아니라 전체를 다 뜯어봐야 알 수 있던 구조였다. 작은 오류임에도 전체 시스템이 먹통이 돼 국민들에게 불편을 안기는 사례가 빈번했던 이유도 여기에 있다.

이를 테면 공공기관 사이트에 사용자 접속이 늘어나 시스템에 과부하가 걸리고 접속 지연 및 튕김 현상이 일어났다고 치자. 이때의 해결책은 그동안 서버자원을 증설하는 것이었는데, 이 방법에 한계가 있었다. 또, 공공 앱에 기능상 오류가 발생해 시스템이 중단됐을 경우 그동안은 우선 기능 오류를 해결 한 후 전체 시스템을 통합 테스트하고, 개발팀은 개발 후 운영팀으로 이관하며, 전체 시스템을 배포하는 과정을 거쳐야 했다. 상당한 시간이 걸리는 일이기에 시스템 중단은 불가피한 일이었다. 우리가 공공기관의 사이트나 앱을 이용하며 자주 느꼈을 이 불편함은 클라우드 네이티브 도입을 통해 해결할 수 있다. 첫 번째 문제인 접속 지연 및 튕김 현상은 컨테이너 기반의 오토스케일링으로, 두 번째 문제인 개발 기간 지연은 마이크로서비스, 데브옵스, CI/CD로 해결 가능하다. 즉, 클라우드 네이티브는 복잡성을 줄이고, 민첩성을 높였다. 신규 서비스를 빠르게 구축하고 테스트, 배포할 수 있으며 취약한 부분에 대한 대응도 빠르게 가능하다. 오류가 생기더라도, 오류가 생긴 부분만 고치면 되니 시스템 자체가 먹통이 되는 경우는 없다.

그동안 우리나라 공공부문 정보시스템은 정책 및 업무 변화에 민첩하게 대응하기 어려웠고 사용자의 요구를 신속히 받아들일 수도 없었다. 유지보수가 잦아 업무는 나날이 복잡해졌고, 데이터 하나하나가 자원인 이 시점에 데이터 연계, 수집의 어려움, 다양한 데이터 분석 및 활용 미흡이라는 치명적 단점도 있었다. IT 인프라 자원 자체가 노후화돼 확장성의 한계, 안정성 취약, 유연성 부족이라는 근본적인 문제도 해결되지 않았다.

그러나 클라우드 네이티브는 필요한 만큼만 자원을 쓰고, 필요 없는 자원은 해제해 비용을 절감할 수 있다는 장점이 있다. 유연한 확장이 가능해 트래픽 증가에도 얼마든지 대응이 가능하고, CI/CD(Continuous Integration/Continuous Deployment) 파이프라인을 구축해 애플리케이션의 신속한 개발과 배포가 가능하다는 장점도 있다. 시스템 장애가 생겨도 서비스 지속성을 보장할 수 있으며, 클라우드 기반의 데이터 분석 및 인공지능 기술을 활용해 데이터를 효과적으로 분석할 수 있다.

클라우드 네이티브의 구성요소와 원칙

■ **구성요소**

1. 마이크로서비스 : (느슨한 결합) 독립적인 실행 및 배포 가능
2. 컨테이너 : (오토스케일링) 경량화된 컨테이너 단위로 빠른 수평적 확장 가능
3. 데브옵스 : (개발-운영 협업) 개발팀과 운영팀 간 단일한 협업 프로세스
4. CI/DI : (배포 자동화) 소규모 개발팀별 자율적, 독립적 서비스 운영

■ **개발방법론/원칙**

1. 애자일(Agile) : 짧은 주기, 반복적 개발방법론
2. 12가지 요소 : 클라우드 네이티브 설계 원칙 및 표준

클라우드 네이티브의 4가지 요소

■ 데브옵스(DevOps)

데브옵스(DevOps)는 개발(Development)과 운영(Operations)의 합성어로, 소프트웨어 개발과 배포를 더욱 빠르고 안정적으로 수행하기 위한 소프트웨어 개발 방법론의 하나다. 데브옵스는 개발팀과 운영팀 간의 협업과 의사소통을 강화하며, 소프트웨어의 라이프사이클 전반을 관리하고 개선하는 데 초점을 맞추고 있다.

데브옵스의 핵심 목표는 개발과 운영 간의 장벽을 허물고, 지속적인 통합(Continuous Integration), 지속적인 제공(Continuous Delivery) 및 지속적인 배포(Continuous Deployment)를 통해 소프트웨어의 품질을 향상시키고, 빠른 시간에 사용자에게 서비스를 제공하는 것이다.

데브옵스는 기업의 개발과 운영 팀 간의 협업을 강화하고, 소프트웨어의 품질과 배포 주기를 개선하여 경쟁력을 향상시키는 데 도움을 주며, 또 지속적인 혁신과 개선을 통해 사용자에게 더 나은 제품과 서비스를 제공할 수 있게 된다.

■ **CI/CD(Continuous Integration/Continuous Delivery)**

CI(Continuous Integration, 지속적인 통합)와 CD(Continuous Deployment/Delivery, 지속적인 배포)는 소프트웨어 개발 및 배포 과정을 자동화하고 개선하는 데 사용되는 개발 방법론이다.

먼저, CI는 여러 개발자들이 동시에 작업하는 대규모 프로젝트에서 특히 유용한데 개발자가 작업한 코드를 주기적으로 테스트하고, 테스트에 통과하면 코드를 통합하여 저장하게 된다.

그리고 CD는 CI의 연장선상에 위치하며, 개발한 소프트웨어를 자동으로 테스트, 패키징, 배포하는 프로세스를 의미하는데 작업한 코드 및 변경사항들은 테스트를 거쳐 리포지토리(정보 저장소)에 업로드되고 실 서비스 배포로 릴리즈까지 자동화하는 것을 말한다.

CD를 통해 소프트웨어 개발과 배포의 지속적인 자동화가 이루어지며, 이를 통해 배포 시간을 단축시키고, 오류를 줄이고, 고객 요구사항에 신속하게 대응할 수 있다.

■ 마이크로서비스 아키텍처(MSA, MicroServices Architecture)

마이크로서비스 아키텍처(MSA, MicroServices Architecture)는 애플리케이션(Application, 응용 소프트웨어)을 작고 독립적인 서비스들로 구성하는 소프트웨어 아키텍처이다. 이러한 마이크로서비스 아키텍

처는 개별적으로 개발하고, 배포, 관리가 가능하다.

각 서비스는 서로 독립적으로 실행되며, 필요에 따라 개별적으로 확장할 수 있기 때문에 애플리케이션의 확장성과 유연성, 유지보수 용이성을 향상시킨다.

■ **컨테이너화(Containerization)**

컨테이너는 가상화된 운영체제 위에서 애플리케이션의 독립적인 실행에 필요한 파일(소스코드, 라이브러리 등)을 모은 패키지를 말한다.

개발자가 컨테이너를 사용하게 되면 애플리케이션을 더 쉽게 개발하고 배포, 관리할 수 있다. 인프라나 운영체제에 상관없이 컨테이너 런타임(컨테이너 애플리케이션을 실행하고 관리하는 소프트웨어)에서 동일하게 동작하기 때문에 테스트나 배포가 쉽고 편리하다.

대표적인 컨테이너 플랫폼으로는 '도커(Docker)'가 있다. Docker는 애플리케이션을 컨테이너로 패키징하고 관리하기 위한 플랫폼으로, 애플리케이션 개발과 운영을 단순화하고 효율적으로 수행할 수 있도록 도와주며, 컨테이너 이미지를 빌드하고 실행하기 위한 도구와 관리를 위한 서비스를 제공하여 컨테이너 기반 애플리케이션의 배포와 확장을 용이하게 한다.

컨테이너는 클라우드 네이티브, 마이크로서비스 아키텍처, 지속적인 통합 및 배포 (CI/CD) 등과 밀접한 관련이 있으며, 컨테이너화를 통해 애플리케이션은 개발 환경에서부터 프로덕션 환경까지 일관되게 실행되며, 개발자와 운영팀은 애플리케이션을 빠르게 구축, 테스트, 배포하고 확장할 수 있다.

클라우드 네이티브 도입 사례

해외와 우리나라 민간기업에선 이미 클라우드 네이티브를 도입해 빠르게 디지털 전환을 이뤄나가고 있다. 우선 미국 국무부는 3년~10년가량 소요되는 대형 무기시스템의 소프트웨어 배포 시간을 단축했다. 기존의 '폭포수 방식'은 중간 결과물 확인도 어렵고, 사용자의 피드백 반영도 어려웠으며 AI 머신러닝과 사이버 보안 관련 사항 반영이 곤란하다는 단점이 있었다. 미 국무부는 클라우드 네이티브 컴퓨팅의 데브섹옵스(DevSecOps, 데브옵스의 확장 개념으로 보안을 핵심요소로 고려해 통합 제공) 플랫폼을 도입해 배포시간을 단축하고 소프트웨어 품질 향상과 비용절감 등의 효과를 얻었다. 구체적으로 개발 속도는 106배 빨라졌고, 코드 배포는 208배나 늘었으며, 장애 복

구분	도입효과
배포시간 단축 및 신속한 장애 복구	• 106배 더 빠른 개발 • 208배 늘어난 코드 배포 • 평균 2,604배 빠른 장애 복구
SW 품질 향상	• 변경 실패 7배 감소 • 비계획 작업 및 재작업 22% 감소 • 보안문제 해결시간 50% 단축
비용절감	• 개발비용 40% 절감
혁신 집중	• 프로토타이핑 시간 44% 감소

DevSecOps 도입 효과
출처: 한국지능정보사회진흥원

구는 기존보다 평균 2,604배나 빨라졌다. 보안문제 해결시간은 절반으로 줄어들었고, 비계획 작업 및 재작업은 22% 감소했으며 변경 실패율도 7배나 줄었다. 개발비용은 40%나 아낄 수 있었고, 프로토타이핑(시제품이 나오기 전인 검증되기 전 단계) 시간도 44% 감소했다.

영국에서 이민, 여권, 마약, 범죄, 화재, 테러 대응 및 경찰 등 안전과 보안관련 행정 업무를 담당하는 내무부는 클라우드 혁신 프로젝트를 추진하며 기존 호스팅 플랫폼을 아마존 AWS(아마존 웹 서비스)로 전환했다. 그 결과 시간당 카드 거래 처리건수가 1,200건에서 2,000건으로 증가했고, 새로운 개발환경 구축 기간도 2주에서 4시간으로 감소했다. 문제해결 시간은 480분에서 90분으로 단축됐으며, 빌드

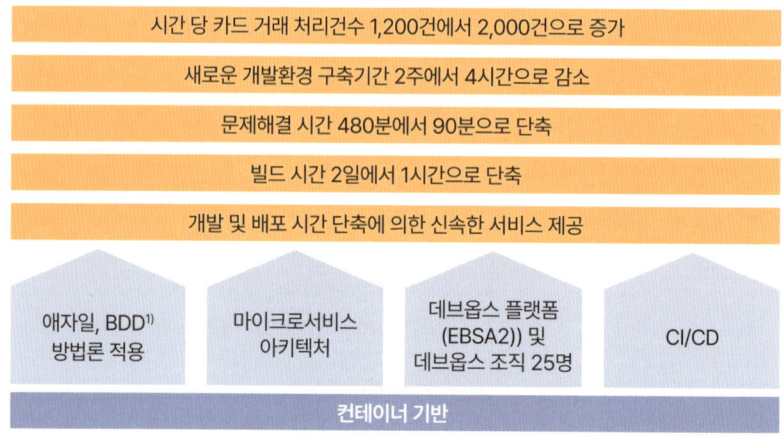

1) BDD(Behavior Driven Development) : 행동 주도 개발

출처 : 한국지능정보사회진흥원

시간도 이틀에서 1시간으로 줄었다.

해외 주요 민간 기업에도 클라우드 네이티브는 중요한 역할을 한다. 전 세계 인구가 사용하는 아마존은 2000년대 초반까지 거대한 모놀리식 아키텍쳐 기반 시스템을 유지했다. 그 결과 데이터베이스가 점점 비대해지고, 다양한 카테고리의 상품을 제공한다는 계획도 실현하기 어려운 문제에 직면했다. IT 시스템의 확장성 부재, 컴포넌트 문제로 인한 전체 시스템 장애, 느린 배포속도, 개발도구의 다양성 부족 등 문제를 해결하고자 아마존은 DB를 분리하고 서비스 지향 아키텍처를 도입했다(SOA). 그러나 여전히 배포 문제와 서비스 간 의존성에 따른 병목현상을 해결하지 못했던 아마존은 MSA를 도입, 데브옵스팀을 구성했다. 보안팀, 개발팀, 운영팀, DB팀, 기획팀으로 나눠져있던 것을 '피자 두 판 팀(Two Pizza team)'으로 구성해 신속성을 높였다. 피자 두 판 팀이란 점심에 피자 두 판으로 함께 점심식사를 할 수 있는 규모의 인원을 통칭하는데, 즉 보안, 개발, 운영, DB, 기획 인력을 5~7명으로 축소해 조직의 덩치를 줄여 민첩한 대응이 가능하게 한 것이다.

넷플릭스의 사례도 흥미롭다. 넷플릭스는 앞서 말했듯 2009년부터 2015년까지 7년간 IT 인프라를 데이터 센터로 이전하고, 영상 콘텐츠 로그 및 데이터 기록, 웹 로그인 및 검색기능, 빅데이터 분석, 결제 기능을 단계적으로 아마존AWS로 옮겼다. 2016년 데이터센터의

문을 닫은 넷플릭스는 "클라우드 네이티브 기업이 됐다"고 선언했으나, 기존 모놀리식 구조가 비대해지고 복잡해지는 서비스를 감당하기 어려워졌다. 무엇보다 넷플릭스는 서버점검할 시간조차 확보하기 어려웠다. 일반 기업은 사용자가 없는 새벽을 이용해 서버를 점검하지만 넷플릭스의 불은 24시간 꺼지지 않는다. 지구촌 대부분의 사람들이 넷플릭스를 보고 있기 때문이다. 여기에 서비스가 하나의 데이터베이스 위에서 만들어졌기 때문에 DB장애가 생기면 서비스 자체가 중단된다. 뭐 하나 고장이라도 나거나 신규 기능을 추가해야 하면 연관된 모든 코드를 수정하고, 모든 개발자의 참여가 요구돼 개발 및 개선속도도 느렸다. 이 문제를 해결하고자 넷플릭스

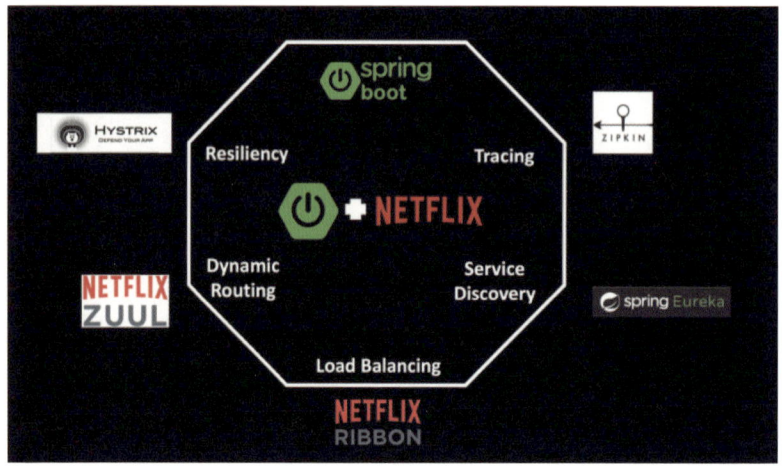

넷플릭스의 OSS(오픈소스SW)
출처:DZone

는 클라우드 네이티브 환경에서 애플리케이션을 개발, 운영하는 개발팀에게 권한과 책임을 부여해 독립적이고 자율적으로 운영되도록 조직문화를 바꾸고 클라우드 네이티브 도입 과정에서 경험한 노하우와 문제 해결 방법 및 관련 기술을 넷플릭스 OSS(Open source software, 공개 소프트웨어)라는 오픈소스로 공개했다.

카카오톡 이모티콘과 카카오뱅크 모바일앱에도 클라우드 네이티브 컴퓨팅이 적용돼있다. 특히 카카오뱅크는 금융권이므로 기존 방식의 장점인 안정성도 중요하나, 고객 지향적 서비스를 제공한다는 목표 하에 클라우드 네이티브 데브옵스 문화를 만들어 활용하고 있다.

인터넷 쇼핑몰은 이른바 '먹통'이 자주 일어나는 사이트 중 하나다. 특가 할인이나 이벤트가 있을 때 사용자가 한꺼번에 몰리기 때문이다. 11번가 쇼핑몰은 2016년까지 거대한 모놀리식 구조로 배포 지연, 장애, 노후화, 트래픽 폭증 등 문제가 많았다. 이후 11번가는 넷플릭스가 오픈소스로 공개한 넷플릭스 OSS를 MSA솔루션으로 선정해 도입하고, 업무 도메인별로 서비스를 작게 나누며 개발 및 배포 속도 향상, 주문 및 결제 서비스 속도 향상, 서비스 장애 감소 등의 효과를 얻었다.

코로나19로 배달앱, 그중에서도 배달의민족의 사용이 폭발적으로 늘어났지만 사용자 입장에서 사실 크게 접속장애나 시스템오류 등

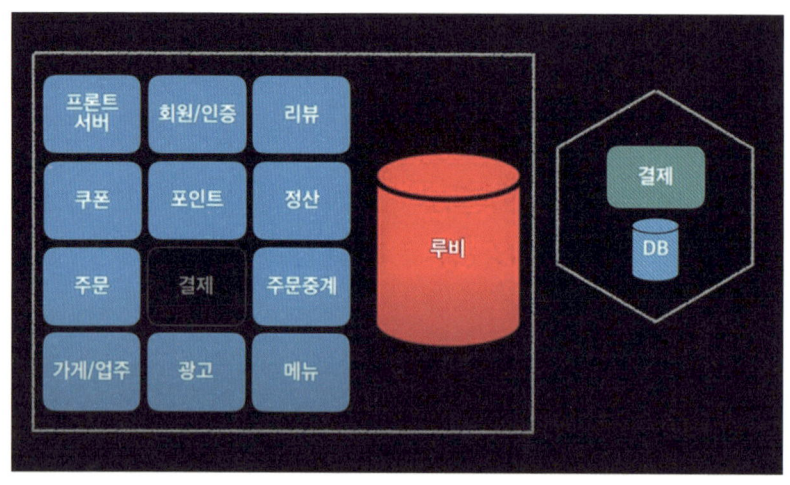

배달의민족은 2016년부터 MSA로 전환하며 안정적인 서비스를 제공할 수 있었다.
출처 : 우아한테크

의 문제는 거의 없었다. 배달의민족은 2015년 이후 단계적으로 마이크로서비스(MSA)아키텍쳐로 전환하며 클라우드 네이티브 컴퓨팅을 도입했기 때문이다. 2015년 배달의민족 1일 주문건수는 5만 건 이하였으나, 2016년 10만 건, 2017년 20만 건을 돌파했고 코로나19 발생 이후인 2020년에는 1일 주문건수 200만 건을 기록했다. 배달의민족은 2016년부터 MSA로 전환하며 결제, 주문중계시스템 분리, 메뉴, 정산, 가게시스템 분리, 쿠폰, 포인트, 주문, 리뷰시스템 분리, 광고, 가게/업주 시스템 분리 등을 차근히 거치며 사용자가 늘어남에도 안정적인 서비스를 제공할 수 있었다.

⟨공공부분 클라우드 네이티브 전환 로드맵⟩

구분		'24년	'25년	'26년 이후
현행 시스템	네이티브 적용률(%)	11	30	50
	SaaS 적용률(%)	10	25	35
신규 시스템	네이티브 적용률(%)	13	30	70
	SaaS 적용률(%)	10	30	40

※ 네이티브 SaaS 적용률: 당해년도 클라우드 전환 시스템 수에 대한 적용률

공공부문 클라우드 네이티브 전환 로드맵
출처 : 디지털플랫폼정부위원회

한편 시장조사업체 IDC에 따르면, 2025년 출시되는 애플리케이션의 90% 이상이 '클라우드 네이티브'로 구현될 전망이다. IT 분야 리서치 기업 가트너(Gartner)도 2025년 글로벌 조직의 85% 이상이 컨테이너화된 애플리케이션을 주 운영 환경에서 실행할 것으로 전망하고 있다.

우리나라 행정안전부는 공공 클라우드 네이티브 확산을 위해 2024년부터 2030년까지 관련 사업을 추진하기로 했다. 2026년부터 신규 구축되는 정부시스템의 70% 이상은 클라우드 네이티브가 적용된다.

2023년 10월 행정안전부와 디지털플랫폼정부위원회가 공동으로

발표한 '클라우드 네이티브 중심, 공공부문 정보자원 클라우드 전환계획'에 따르면 2024년부터 신규 시스템을 구축하거나 기존 시스템을 고도화할 때, 기관은 불가피한 사유가 없는 한 민간 클라우드와 클라우드 네이티브 우선 적용을 검토해야 한다. 정보시스템의 노후 서버 교체 시기를 고려해 2026년부터는 신규 클라우드 전환물량의 70% 이상(기존 시스템은 50% 이상)을 클라우드 네이티브 방식으로 전환하고 2030년까지 대다수의 시스템이 클라우드로 전환할 예정이다.

공공 클라우드 네이티브 시범 전환 대상 시스템으로 중앙·지자체 일 평균 10만여 명이 이용하는 업무포털 '온나라 지식', 중앙·지자체 일 평균 3,000여 명이 방문하는 '온나라 이음' 협업포털, 그리고 중앙·지자체·대국민 일 평균 2,200여 명이 이용하는 정책연구관리시스템 등 3개 시스템을 선정, 이 경험을 바탕으로 구체적인 전환기준과 절차, 가이드라인 등을 마련한다는 방침이다.

IT 트렌드 2024

PART 4	생성형AI는 인류의 동반자일까, 침략자일까
PART 5	로봇
PART 6	디지털 헬스케어
PART 7	앱 하나로 해결한다! '슈퍼앱'의 위력
PART 8	알아두면 유용한 앱 시리즈

PART 4

생성형AI는 인류의 동반자일까, 침략자일까

인공지능이 대단한 이유는 '학습'하기 때문이다. 인류가 수천 년간 쌓아온 방대한 지식과 기술, 역사를 인공지능은 단번에 먹어치우듯 학습한다. 인공지능이 의사가 되고, 상담사가 되고, 작가, 미술가, 심지어 돌보미의 역할까지 수행하는 가운데, 우리는 이제 슬슬 인공지능이 인류를 뛰어넘을 지도 모른다는 경각심을 가져야 한다. 그렇게 된다면, 생성형AI는 인류의 동반자가 될까, 아니면 인류를 정복할 침략자가 될까?

인공지능이 가장 먼저 빼앗을 직업 '의사'

대부분의 사람들은 인공지능 시대가 본격적으로 도래하면 단순한 노동을 반복하는 일자리부터 대체될 것이라고 봤다. 인간만이 할 수 있는 고유한 영역은 인공지능이 아주 오랜 시간 넘볼 수 없으리라고 생각했다. 그러나 그건 인공지능의 학습능력을 너무 얕잡아보고 미래를 낭만적으로 예측한 것이다. 인공지능은 현재의 고소득 전문직, 화이트칼라와 골드칼라 직종부터 차분하게 잠식할 가능성이 크다. 결론부터 말하자면 가장 먼저 사라질 직종은 의사다. 한국은행은 2023년 한국표준직업분류에 따라 447개 직업을 전수조사하고 '인공지능 노출지수'를 산출했다. 인공지능 노출지수가 높을수록 인공지능에 의해 대체될 확률이 높은데, 인공지능 노출지수가 높은 상위 1% 안에 의사(일반의, 전공의), 한의사, 약사가 포함됐다.

구글은 2024년 1월 새로운 인공지능 챗봇 에이미(AMIE)가 인간 의사를 능가한다는 연구 결과를 발표했다. 구글 연구팀은 진단 정확성, 치료 신뢰감, 성실성, 공감능력, 지시 정확성, 환자 건강관리 등 다양한 분야에 실험을 진행했다. 연구 결과 에이미는 진료 및 치료 설명, 성실성, 환자에 대한 배려 등 환자 커뮤니케이션 관련 26개 항목 중 24개 항목에서 인간 의사를 능가했다. 정확도면에서도 인간 의사보다 두 배가량 높게 나타났는데, 에이미 혼자 진료를 봤을 때의 정확도는 60%, 인간 의사 혼자 진료를 봤을 때의 정확도는 30%

가 조금 넘는다. 인간 의사보다 인공지능 의사의 진료 정확도가 두 배가량 더 높게 나타났다는 것이다. 특히 에이미의 공감능력이 뛰어나 구글 연구팀은 에이미가 환자의 정신건강도 함께 케어할 수 있으리라고 예측했다.

에이미만 있는 것이 아니다. 이미 의료 현장에서 도입을 시도하고 있는 기술도 있다. 구글이 2023년 5월 발표한 메드팜2에 대한 이야기다. 메드팜2는 의학적인 질문에 전문적 답변을 생성하거나 대량의 건강 데이터를 정리하는 데 사용할 수 있는 AI 챗봇 기술이다. 메드팜2의 성과는 미국 의사면허시험 성적으로 증명할 수 있다. 미국에서 의사 면허를 따려면 100점을 만점으로 놓고봤을 때, 60점 이상은 받아야 한다. 그런데 이 시험에서 메드팜1이 67점을 달성했고 언어와 사회 문화적 맥락과 배경, 의료 윤리 등을 이해하는 법을 학습해 보완한 메드팜2는 85점을 받았다. 메드팜1에서 메드팜2까지 오는데 1년이 채 걸리지 않았다. 지난 30년간 해내지 못한 일을 메드팜1과 메드팜2가 1년 만에 해낸 것이다. 월스트리트저널에 따르면 일부 의료기관이 메드팜2 테스트에 나섰다고 밝혔고, 메드팜2가 의사 접근이 상대적으로 제한된 국가에 특히 도움될 것이라고 봤다.

한 언론 보도에 따르면 김경전 구글코리아 커스터머 엔지니어링 매니저는 2023년 11월, 서울 강남구 구글코리아 본사에서 열린 '헬스케어 디지털 이노베이션 위드 구글 클라우드' 세미나에서 메드팜2

의 공식 출시가 지연되는 이유에 대해 "의료 분야가 가진 특수성 때문에 다른 서비스보다 더 신중할 수 밖에 없다"고 답했다. 보도에 따르면 메드팜2는 실험에서 '32세 여성, 피로, 유방압통, 빈뇨, 7주간 생리 중단' 등의 증상에 따라 임신했으리라 판단하고, '과거 카바마제핀으로 치료 받은 병력'이 있다면 이 여성의 태아에 어떤 영향이 미칠 수 있냐고 묻자 '수막류'라고 대답했다. 카바마제핀이 신경관 결손과 관련한 치료제라는 점에 착안해 관련성이 높은 답을 선택한 것이다. 메드팜2가 뛰어난 성능을 보이며 의료계 안팎의 이목을 모으고 있지만 공식 출시 시점은 아직 아무도 모른다. 의료분야란 작은 실수가 사람의 생명을 위협하고 삶의 질을 결정짓기 때문에 특히 검증에 검증을 더하고 있는 상황으로 추측할 뿐이다.

그렇다면, 에이미나 메드팜2가 여러 지표에서 인간을 능가했다고 해서 바로 인간보다 뛰어난 의사가 될 수 있다고 말할 수 있을까? 구글 연구팀은 "아니"라고 단호하게 선을 긋는다. 특히 에이미는 의료 인터뷰에 특화한 대화형 AI다. 구글 연구팀은 셀프 플레이 기반의 모의 대화환경을 개발하고 에이미에 자동 피드백 기능을 탑재했다. 즉 에이미는 LLM(Large Language Model, 거대언어모델) 기반의 인공지능이고, '채팅'으로 진료 상황을 진행한 것이기 때문에 현장과는 괴리가 있을 수 밖에 없다. 또한 연구팀은 "인간 의사들이 텍스트를 기반으로 한 채팅으로 환자와 의료면담 하는 것이 익숙하지 않아서 성과가 더 낮게 나온 것일 수도 있다"고 진단했다. 에이미와 메드팜2

의 기반이 되는 기술인 LLM이란 무엇일까, 그리고 LLM이 낳은 챗GPT는 또 무엇일까?

대형 언어 모델(Large language model)인 LLM은 수많은 파라미터(보통 수십 억 웨이트 이상)를 보유한 인공 신경망으로 구성되는 언어 모델이다. 자기 지도 학습이나 반 자기 지도 학습을 사용하여 가공되지 않은 상당한 양의 텍스트로 훈련된다. 대규모의 텍스트 데이터를 사용해 대화 생성 및 이해를 포함한 다양한 자연어 처리 작업(컴퓨터가 인간의 언어를 이해 할 수 있도록 돕는 인공지능의 한 분야)을 수행할 수 있는 프로그램이 바로 OpenAI가 만든 챗GPT다(Chat Generative Pre-trained Transformer의 약어로, 대화 중심의 생성형 사전 훈련 트랜스포머 모델). 2022년 11월 출시 이후 전 세계인의 폭발적인 관심을 받았으며, 챗GPT를 기반으로 한 수많은 인공지능 프로그램이 탄생했다. 챗GPT는 기존 챗봇이나 검색엔진처럼 단순히 검색 결과를 나열하는 게 아니다. 검색엔진이 수집된 정보를 나열해 보여주는 것이 전부라면, 챗GPT는 수집된 정보와 텍스트를 스스로 학습해 새로운 정보를 생성한다. 때문에 의사면허 시험을 통과할 수도 있고, 변호사 시험도 통과할 수 있으며, 창작과 전문의 영역인 글쓰기, 그림그리기, 영상만들기, 컴퓨터 프로그래밍 등 다양한 업무가 가능하다.

챗GPT 때문에 스파이더맨4 개봉 미뤄졌다

2023년 5월 미국 헐리우드에서는 '스파이더맨4'의 촬영이 중단됐다. '캡틴 아메리카: 브레이브 뉴 월드', '데드풀과 울버린', '어벤져스: 캉 다이너스티' '어벤져스: 시크릿 워즈', '미션 임파서블: 데드 레코닝 PART TWO' 개봉일도 2년 정도 미뤄졌다. '더 라스트 오브 어스', '기묘한 이야기 시즌5' '아바타' 시리즈도 마찬가지로 촬영이 중단되거나 개봉이 미뤄지는 일이 발생했다. 작가들은 챗GPT와 같은 AI툴로 각본을 쓰는 것을 반대하며 투쟁의 깃발을 올렸고, 미국 작가협회(WGA)는 파업에 들어갔다. 밀컨연구소(경제 연구기관)는 이로 인해 캘리포니아에서 발생한 손실은 약 60억 달러, 우리 돈으로 7조 8,504억 원에 달한다고 밝혔다.

작가들이 파업한 이유는 챗GPT와 같은 인공지능의 각본 집필때문이다. 챗GPT 상용화 이후 제작사는 챗GPT에게 일부 작업을 맡기고 이를 공동작업으로 간주해 인간 작가에게 원고료를 반만 주는 행위를 일삼아 왔다는 게 작가 측 주장이다. 생성형 AI는 작가 여러 명이 수년씩 걸려 쓰던 작품의 대본도 단 몇 분 안에 그럴듯하게 만들어 낼 수 있다. 작가들은 "기존 내용을 학습하고 짜깁기할 가능성이 크다"라며 지적재산권의 침해도 우려했다. 작가들의 파업으로 주요 영화의 제작이 멈추자 제작자들은 인공지능의 각본 집필을 전면 금지했다. 앞으로 작가가 원한다면 사측의 동의 하에 챗GPT 등 인공지능을 사용할 수는 있으나, 사측이 작가에게 인공지능 사용을 강요해선 안 된다.

한편 작가들의 파업에 헐리우드 주요 배우들도 파업에 동참했다. 맷 데이먼, 메릴 스트립, 마크 러팔로, 제니퍼 로렌스, 제시카 차스테인 등 굵직한 헐리우드 배우들이 파업에 나선 이유도 역시 AI 때문이다. 허락 없이 작가의 작품을 학습하고, 출연도 하지 않은 배우의 이미지를 활용하는 등 AI의 오용 가능성으로부터 배우를 보호해달라는 요구다. 또한 그동안 헐리우드 등 영화 제작사들은 엑스트라나 단역 배우의 얼굴을 스캔해서 붙여쓰는 식으로 인공지능 툴을 활용해왔는데, 이걸 완전히 금지해달라는 게 배우들의 요구사항 중 하나였다. 파업 결과 이를 완전히 '금지'하는 것에는 실패했으나 스캔할 때마다 '스캔을 당한' 배우에게 출연료를 주는 조건은 성립됐다. 우리나라 배우들이 출연한 드라마가 재방송될 때마다 재방 출연료를 받듯, 헐리우드에서는 이제 배우의 얼굴을 스캔해 여기저기 '복붙'하는 것에 '복붙료'를 지불하게 된 셈이다.

비슷한 시기 일본에서도 '일본연예종사자협회'가 "AI로부터 예술가들의 권리와 생계를 보호하기 위한 법적 조치를 취해달라"며 기자회견을 열었다. 이들은 AI가 연예계 및 예술 산업 전반에서 배우와 작가들의 일자리를 빼앗아 갈 것이라고 우려했다. 또한 이들은 출연자의 외모, 목소리, 동작 등에 대한 권리를 명확히 규정하고 보호하는 법적 조치를 요구하는 성명을 정부에 제출했다. 또한 AI가 콘텐츠를 생성할 때 어떤 데이터를 바탕으로 만들었는지 공개하고, 원작자가 보상받을 수 있도록 법률로 지정해야 한다고도 촉구했다. 기자회견에 참가한 후카다 코지 감독은 "영화산업에서 배우, 스태프, 감독은 대부분 프리랜서로 일하기 때문에 AI가 영화산업 안에서 발전한다면 우리들의 불안정도 심화할 것"이라고 지적했다. AI의 범용화에 불안을 느낀 인간들이 법적 규제와 사회적 보호를 촉구하며 싸우는 모양새지만 기술은 하루가 다르게 발전하고 있다.

AI시대의 영상
"찍지말고 쓰세요"

올해 2월 챗GPT의 개발사인 OpenAI는 글자만 입력하면 원하는 영상을 뚝딱 만들어내는 '소라(SORA)'를 세상에 선보였다. 가장 먼저 공개된 '소라'의 영상은 "A stylish woman walks down a Tokyo street filled with warm glowing neon and animated city signage. She wears a black leather jacket, a long red dress, and black boots(세련된 여성이 따뜻하게 빛나는 네온 간판과 활기찬 도시 풍경이 가득한 도쿄 거리를 걸어갑니다. 그녀는 검은 가죽 재킷과 긴 빨간색 드레스, 그리고 검은 부츠를 신고 있습니다)"라는 문장 만으로 완성됐다.

원래라면 촬영팀을 꾸리고, 일본 도쿄에 넘어가서, 촬영하기 적당한 시간과 타이밍을 계산한 후, 이미지에 맞는 배우를 섭외하고, 마음에 드는 컷이 나올 때까지 촬영한 뒤, 보정과 편집 작업을 거치는 등 많은 사람들이 수일에 걸쳐 달려들어야 했던 일이다. 그런데 이런 영상이 세 문장 만에, 10초 이내에 뚝딱 나온 셈이다. 영상 속 여성의 표정과 피부는 실제 사람처럼 리얼하게 구현돼있다. 디지털 특유의 매끈함없이 인간만이 가지고 있는 불규칙한 피부 트러블과 모공, 주름까지 완벽하게 구현했다.

이게 어떻게 하면 가능할까? 오픈AI는 홈페이지에 SORA의 기술 원

오픈AI는 글자만 입력하면 원하는 영상을 뚝딱 만들어내는 인공지능(AI) 플랫폼 '소라(SORA)'를 세상에 선보였다. 사진은 도시를 걷는 여성을 표현한 오픈AI '소라'의 샘플 동영상.
출처: 오픈AI

리를 설명해놨다. 여기에는 "우리는 비디오 데이터에 대한 생성 모델의 대규모 훈련 탐구" "인터넷 규모의 데이터를 훈련해 일반 기능을 습득하는 대규모 언어모델에서 영감" "LLM패러다임의 성공은 부분적으로 코드, 수학, 다양한 자연어 등 텍스트의 다양한 양식을 우아하게 통합하는 토큰을 사용함으로써 가능" "LLM에는 텍스트 토큰이 있는 반면 SORA에는 시각적 패치가 있는데, 우리는 이 패치가 다

PART 4 생성형AI는 인류의 동반자일까, 침략자일까 137

불규칙한 피부 트러블과 모공, 주름까지 완벽하게 구현해내는 오픈AI 플랫폼 '소라'
출처 : 오픈AI

양한 유형의 비디오 및 이미지에 대한 생성모델을 훈련하는데 확장성이 뛰어나고 효과적인 표현임을 발견"했다고 설명돼있다. 사실 들어도 잘 모를 말인데, 이에 대해 IT 및 인공지능 기술에 대해 설명하는 유튜버 '기묘한자동화'는 "인공지능이 비디오들을 조각조각 나누고, 그 조각을 다시 배열하고 수정해 고품질의 비디오를 만드는 훈련을 한 것"이라고 설명했다. 기묘한 자동화는 이 과정을 점으로 글자를 만드는 것에 비유했는데, 비디오 조각을 알맞은 자리에 두어도 조각이 적고, 배열에 규칙이 없다면 글자인지 알 수 없지만, 학습을 통해 조각의 양이 많아지고 배열에 규칙이 생긴다면 글자의 형태로 완성된다는 원리다. 유튜버 기묘한 자동화의 이야기에 따르면 이렇게까지 정확할 수 있는 이유는 "기존 이미지 제작 모델인 달리3 모델의 연구를 기반으로 프롬프트의 논리를 언어적으로 이해하고 생성했기 때문"이라는 것인데 즉, "물체들이 실제 세계에서 어떻게 행동하는지 이해하고 그에 따라 자연스럽게 영상을 생성한다"는 이야기다. 챗GPT가 공개되고 사람들이 열광한 게 불과 1년 전인데 그 이후로 생성형AI는 곳곳에서 상상 이상의 세계를 그야말로 '생성'하고 있다.

어도비 포토샵도 이제 AI 명령 한 마디면 작업 시간을 획기적으로 단축할 수 있다. 원하는 그 어떤 편집이라도 포토샵 '제너레이티브 필(Generative Fill, 생성 채우기)' 기능만 이용하면 된다. 사람이 밤새 일일이 하던 모든 작업들이 명령어 하나에 끝난다. 방법은 간단하다. 이미지에서 편집을 원하는 영역을 지정하고 generative fill 기능을 켠 후 지우든지, 키우든지, 색을 바꾸든지, 복제를 하든지, 모양을 바꾸든지 등의 명령어만 입력하면 그야말로 눈 깜짝할 사이에 뚝딱해낸다.

하지만 아무리 기술이 발전했다고 한들 명령어를 칠 수 없다면 무용

어도비의 이미지 생성 AI '파이어플라이'를 통해 포토샵의 생성형 채우기(Generative Fill) 등 여러 크리에이티브 클라우드 앱에서 파이어플라이 구동 기능을 정식버전에서 사용할 수 있다.
출처: 어도비

지물이다. 손가락을 사용할 수 없는 상황이라면 이 대단한 기술들을 어떻게 해낼 것인가? 방법은 있다. 바로 목소리다. 1998년 순정만화 '언플러그드보이' '오디션'부터 최근의 '좋아하면 울리는'까지 한국 순정만화의 산실인 천계영 작가의 사례가 그렇다. 천계영 작가는 데뷔하고 하루 24시간 중 18시간을 그림만 그렸다. 그러나 휴식의 필요성을 느끼고 난 이후에는 근무 시간을 줄였다. 줄여도 오전 9시부터 밤 11시까지 13시간을 일한다. 일요일엔 어쩔 수 없이 의무적으로 쉬고, 쉬는 것보단 일하는 게 더 즐겁다고 말하는 작가인데 그에게 가혹한 일이 닥쳤다. 퇴행성관절염을 진단받고 손가락을 움직일 수 없게 된 것이다. 1년 동안 재활운동에 집중하고 자신의 작업을 도울 수 있는 도구들을 찾아봤지만 그가 결국 선택한 건 목소리를 인식해 작업을 도와주는 인공지능 프로그램. 천계영 작가는 마우스로 좌표만 지정하고, 클릭할 때 "클릭"이라고 말한다. "줄 바꾸고, 프레임 한 개, 왼 쪽 말 칸, 보통 대사"라고 말하면 프로그램이 그를 대신해 줄을 바꾸고, 프레임을 그리고, 대사를 넣는다. 이와 같은 변화가 천 작가에겐 갑작스런 일은 아니다. 워낙에 얼리어답터라서 2000년대 초부터 천계영 작가는 만화에 3D 작업 방식을 적용했다. 친구들은 그에게 "그림을 그리는 게 아니라 만들고 있네"라고 말했다고.

신기술 외에도 챗GPT는 세상에 공개된지 1년여 만에 다양한 업무에 활용되고 있다. PPT를 만들고, 엑셀표를 만들며, 제공된 자료를 기반으로 보도자료를 쓰고 제목도 기가 막히게 뽑아낸다. 인간이 쓴 문장의 비문과 오탈자도 챗GPT가 교정한다. 몇몇 언론사에서는 아예 'AI와 함께 쓴 기사'임을 밝힌 기사를 송출하고 있고, 각 회사에서는 인재 채용 시 아예 챗GPT에게 채용공고 작성부터 면접 질문까지 맡기는 일도 많아졌다.

주목할 만한 AI 기반 프로그램

AI 기반 커머스 상품 페이지 자동 제작 솔루션 '셀러캔버스'
출처 : 스튜디오랩

CES최고혁신상을 받은 국내 스타트업 스튜디오랩의 '셀러캔버스'는 AI 기반 마케팅 콘텐츠 창작기술 서비스이다. 제품 사진을 올리면 15초만에 자동으로 상품 판매 상세 페이지를 생성한다. 그동안 디자이너, 기획자, 마케터가 머리를 맞대고 했던 일을 AI가 15초만에 해내게 된 셈이다.

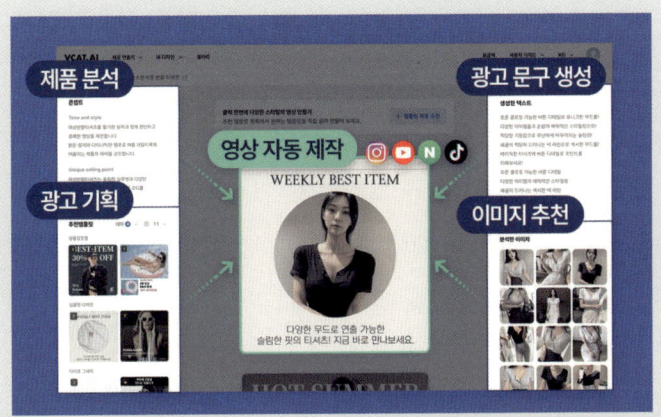

브이캣의 AI 기반 광고영상 자동제작 시연 화면
출처: 파이온코퍼레이션

CES혁신상을 받은 파이온코퍼레이션의 AI 기반 광고 영상 제작 플랫폼 '브이캣'은 제품설명과 사진이 있는 인터넷 링크만 입력하면 광고 영상과 이미지 수십 장을 단 몇분 만에 제작한다. 광고 소재를 서비스 내 달력표시에 가져다 놓으면 해당 날짜에 자동으로 인스타그램 페이스북 등 마케팅 채널에 게시, 광고 이미지도 자동으로 제작할 수 있다. 기존에 배너 이미지를 만들 때 가장 큰 고충은 플랫폼이 정한 사이즈에 따라 여러 개를 만들어야 한다는 것이다. 하지만 브이캣에 사이즈 이미지를 등록하고 URL을 입력하면 자동으로 배너 이미지를 여러 사이즈로 한꺼번에 만들 수 있다.

엔비디아 CEO
"다시 대학간다면 내가 선택할 전공은 '생물학'"

그나저나 미래를 어찌 준비해야 할까? 고소득 전문직부터 AI로 대체되고 작가, 미술, 영상 쪽 크리에이터들도 인공지능의 발전 앞에 긴장을 늦출 수 없는 이 때에 우리는 어떻게 미래를 준비하면 좋겠는가. 이런 질문에 젠슨 황 엔비디아 CEO는 "생물학"이라고 대답한다.

구체적으로 젠슨 황 엔비디아 CEO는 아랍에미레이트 두바이에서 열린 세계정부정상회의(World Government Summit)에서 "지난 10~15년동안 이런 자리에 앉은 거의 모든 사람이 여러분에게 '컴퓨터 공학을 전공하고 프로그래밍하는 법을 배워야 한다"고 말했을 것이라며 "그러나 제 의견은 반대다. 이제 아무도 프로그래밍을 할 필요가 없고, 누구나 프로그래밍 언어를 사용할 수 있도록 만드는 게 우리의 일이다. 이제 세상 모든 사람들은 프로그래머가 됐다. 이게 바로 인공지능의 기적이고, 우리는 처음으로 격차를 줄였고, 기술격차는 완전히 해소됐다"고 말했다.

이어 젠슨 황은 대학에 돌아가면 프로그래밍이 아닌 다른 학문을 공부하겠다고 밝혔다. 젠슨 황은 "처음부터 다시 시작하게 된다면 과학의 가장 복잡한 분야가 생물학, 바로 인간 생물학임을 깨닫게 될

젠슨 황 엔비디아 창립자 겸 CEO
출처 : 엔비디아

것"이라며 "매년 우리 반도체 칩은 좋아지고 있고, 인프라도 발전하고 있지만 생명과학 발전은 아주 간헐적이다. 다시 전공을 선택한다면 생명과학과 생명공학"이라고 강조하고 "생물학은 과학의 영역에 더해 엔지니어링 영역에도 접목될 것"이라고 예측했다.

생성형 AI 활용 이모저모

금융·보험업(10.1%)이 생성형 AI 활용 가장 높아

"A 보험사는 고객의 보험청구 처리과정에 생성형 AI를 적용해 업무 효율성을 크게 향상시켰다. 생성형 AI가 미리 학습한 과거 지급사례 등을 토대로 해당 청구 건에 대한 보험금 지급 여부와 규모는 물론, 보험사기 가능성까지 진단해 보고서를 작성하면 조사원이 적합성 여부를 최종 판단한다. 조사원은 기계적 분석과 문서 작성에 들이던

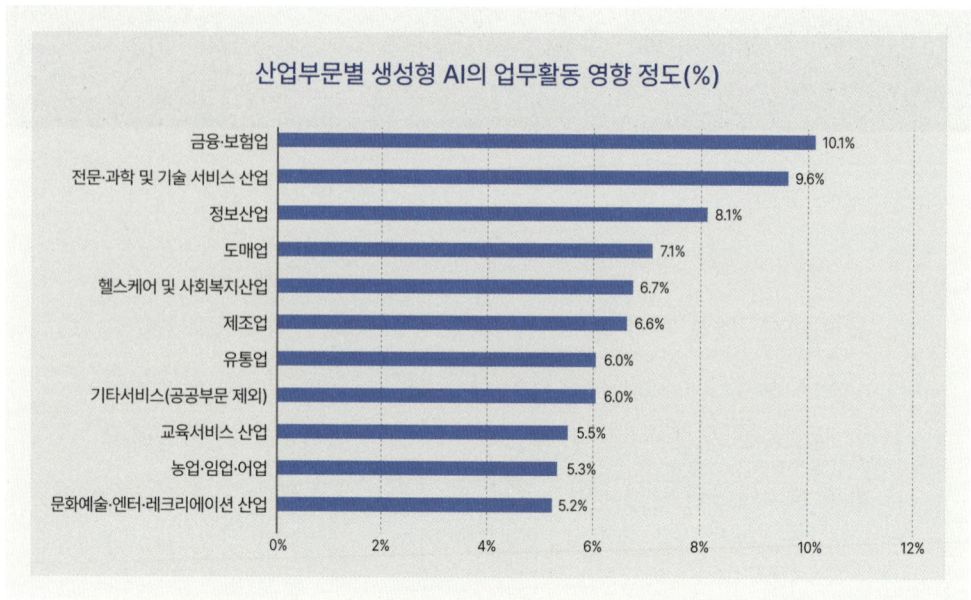

생성형 AI를 업무에 가장 많이 활용하는 산업부문으로 '금융·보험업(10.1%)'이 꼽혔다.
출처 : 대한상공회의소

시간을 절약해 보험사기 가능성 및 지급 적합성 판단에 더 많은 시간을 쓸 수 있게 됐고, 보험금 청구 고객들도 더 빠른 시간에 보험금 수령이 가능했다."

대한상공회의소가 발간한 보고서에 따르면, 생성형 AI를 업무에 가장 많이 활용하는 산업부문으로 '금융·보험업(10.1%)'이 꼽혔으며, 다음으로는 '전문·과학 및 기술 서비스 산업'(9.6%), '정보산업'(8.1%), '도매업'(7.1%), '헬스케어 및 사회복지산업'(6.7%) 순으로 생성형 인공지능(AI)이 업무활동에 많은 영향을 미칠 것으로 전망됐다.
이어 '제조업(6.6%)', '유통업(6%)', '기타서비스(공공부문 제외, 6%)', '교육서비스 산업(5.5%)', '농업·임업·어업(5.3%)', '문화예술·엔터·레크리에이션 산업(5.2%)'이 뒤를 이었다.

보고서는 특히 대량의 데이터를 다루거나 복잡한 작업이 필요한 산업에서 생성형 AI가 더 큰 잠재력을 발휘할 것이라고 진단했다.

한국 근로자의 약 67%가 업무에 생성형 AI 활용 전망

또한 생성형 AI가 한국에서도 상당수 근로자들의 업무 방식에 영향을 미칠 것으로 내다봤다. 한국 전체 근로자의 약 3분의 2(67%) 가량이 업무 활동의 5~20%에 생성형 AI를 활용할 것으로 전망된다.

구체적으로 보면, '업무활동의 0~5% 적용'이 전체 근로자의 32%로 가장 많았고, '10~15% 적용'이 24%, '15~20% 적용' 22%, '5~10% 적용'이 21%로 집계됐으며, '20% 이상 적용'이 예상되는 근로자 비중은 전체의 1%에 그쳐 생성형 AI의 활성화가 일자리 대체 요인이 되지는 않을 것이라고 분석했다.

또, 생성형 AI가 현 시점의 한국 기업의 생산현장에 적용될 경우, 우리 경제의 잠재적 생산역량이 최대 4,763억 달러만큼 증가할 수 있다고

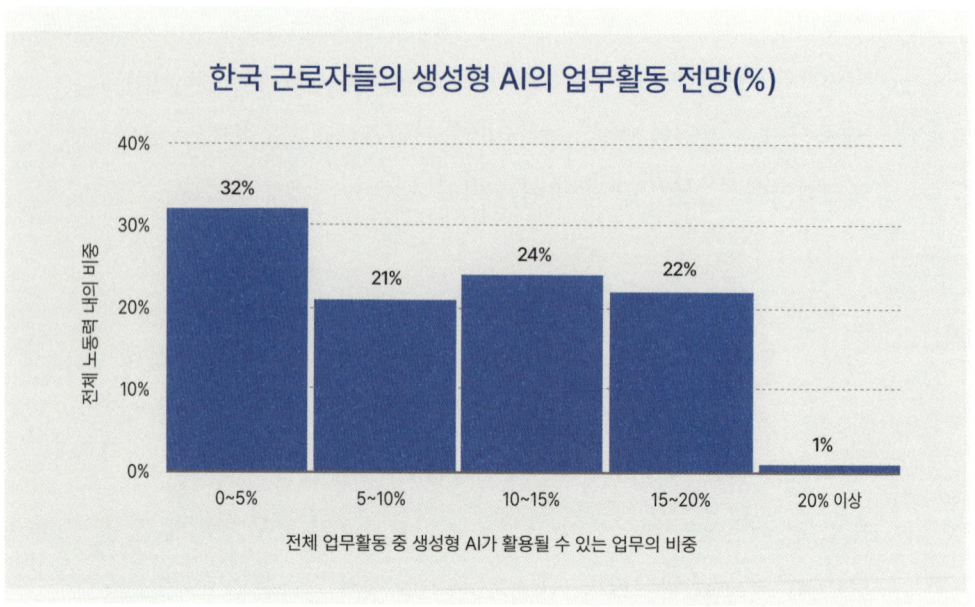

한국 전체 근로자의 약 3분의 2(67%) 가량이 업무 활동의 5~20%에 생성형 AI를 활용할 것으로 전망된다.

출처 : 대한상공회의소

추산했다. 한화로는 620조 원으로, 2022년 국내 GDP(2,150.6조 원)의 29%에 해당하는 규모다.

생성형 AI, 성공적으로 적용하려면

생성형 AI의 성공적인 적용을 위해선 어떻게 해야할까? 우선 기업은 현재 기술 중 업그레이드가 필요한 부분과 새롭게 개발해야 하는 기술이 무엇인지 파악해 이에 대한 업스킬링(Upskilling) 교육을 강화해야 한다. 전문가들은 분석적 판단, 유연성, 감성 지능이 AI 기반의 미래에서 가장 필수 역량이 될 것이며, 기업과 개인 모두 역량 강화에 초점을 두어야 한다고 강조한다. 정부는 프라이버시 침해 등 기술이 유해하게 사용되지 않도록 제도를 마련하고, 데이터 수집·관리 및 공유를 지원하는 프레임워크를 제정해야 한다.

인공지능은 언젠가 사람을 뛰어넘을까?

생성형 AI '챗GPT'를 개발한 오픈AI의 샘 알트만 최고경영자(CEO)가 챗GPT의 최종적인 기술 목표로 'AGI(범용 인공지능)'를 꼽았다. AGI는 인간처럼 스스로 생각하고, 인간이 할 수 있는 모든 것을 학습하고 창작하는 인공지능 기술이다. 알트만은 AGI 생태계를 위해 모든 기술을 공개하고, 이를 통해 사회가 발전하고 기술 결함을 보완할 수 있도록 하겠다고 발표하기도 했다. 인공지능 연구의 궁극적 목표이기도 한 AGI에 대해 살펴보자.

AGI(Artificial General Intelligence)는 인간과 비슷한 수준의 다양한 지적 작업을 수행할 수 있는 인공지능 시스템으로, '인공 일반 지능' 혹은 '범용 인공지능'으로 불린다. 다양한 인지 능력을 가지며, 문제 해결, 추론, 학습, 자연어 이해, 의사 결정 등과 같은 다양한 작업을 수행할 수 있다. AGI는 특정 작업에 대한 전문화된 인공지능과 구분되는데 전문화된 인공지능은 특정 작업을 수행하는 데 탁월한 성능을 보이지만, 다른 작업에는 적용할 수 없는 경우가 많다.

예를 들어, 음성 인식에 특화된 인공지능 시스템은 음성을 인식하는 데 뛰어난 성과를 보일 수 있지만, 문서 작성이나 음악 작곡과 같은 다른 작업에는 적용할 수 없다. 하지만 AGI는 다양한 작업에 유연하게 적응할 수 있는 능력을 갖추고 있어 특정 문제뿐만 아니라 주어진 모든 상황에 대응할 수 있다.

AGI는 인공지능 연구의 궁극적인 목표 중 하나이기도 하다. AGI의 개발과 연구는 많은 관심을 받고 있으며, 이는 인간 수준 이상의 지능을 갖는 기계를 개발하는 것을 목표로 하는데 AGI는 사람과 유사한 학습 능력, 추론 능력, 문제 해결 능력, 창의성 등을 갖추게 될 것으로 예상된다. 그러나 현재까지는 AGI를 완전히 개발하거나 실현하는 데는 성공하지 못했다. AGI의 개발은 매우 복잡하고 어려운 과제이며, 이를 달성하기 위해서는 다양한 연구와 기술적인 도전이 필요하다. 성공적으로 개발된 AGI는 다양한 산업과 분야에서 혁신과 발전을 이끌 수 있을 뿐만 아니라, 사회, 경제, 윤리, 안전 등 다양한 측면에서도 중대한 영향을 미칠 수 있다.

그런데 최근 인공지능이 AGI 단계에 근접했다는 관측이 나왔다. 마이크로소프트(MS) 소속 연구원들이 'AGI의 불꽃'이라는 논문에서 챗GPT의 최신 모델인 'GPT-4'를 초기 버전의 AGI라고 주장했다. 뉴욕타임스에 따르면, MS의 주장은 주요 IT 기업 중에서 AI가 AGI 단계에 접근했다고 주장하는 첫 사례이다.

버클리 캘리포니아대(UC버클리) AI 연구팀에 참가하는 앨리슨 갑닉 심리학 교수는 GPT-4가 내놓는 문장들이 실제로 인간과 같은 추론을 거쳐 나온 것인지 분명하지 않다면서 MS의 주장이 잘못됐다고 말하기도 했다. 그러나 데미스 허사비스 구글 딥마인드 최고경영자(CEO)는 수년 내 AGI가 가능하다고 주장하면서 AGI의 시대를 예측했다.

한편 인공지능(AI)은 지능화 수준과 적용 범위에 따라 크게 세 가지로 분류할 수 있다. 특정 작업에 특화된 좁은 범위의 인공지능인 ANI, 인간과 유사한 일반적인 인공지능 AGI, 인간의 모든 지능을 초

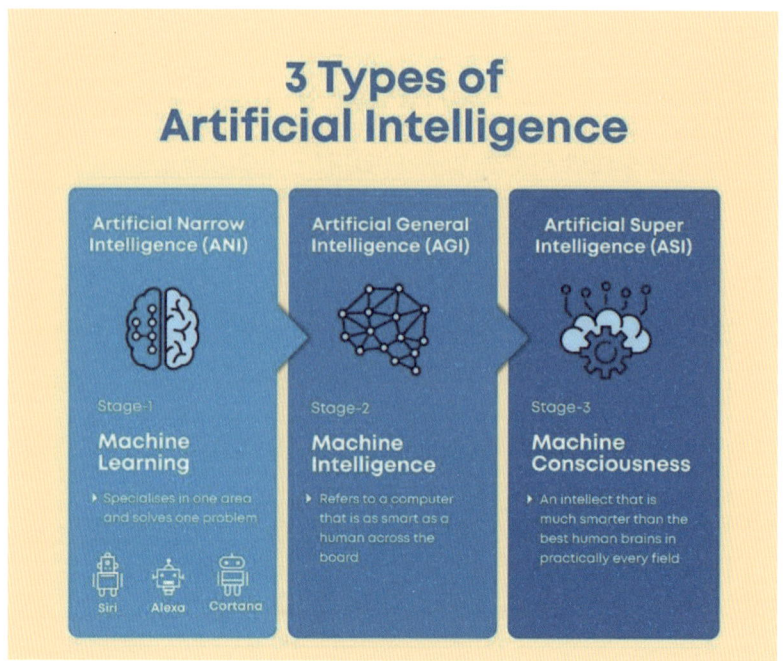

인공지능의 3가지 유형(ANI, AGI, ASI)
출처: mygreatlearning.com

월하는 초인공지능 ASI이다. ANI(Artificial Narrow Intelligence, 좁은 인공지능)는 특정 작업에서 탁월한 성과를 보이는 인공지능으로, 한 가지 작업에 특화되어 있으며, 그 작업을 수행하는 데에는 사람보다 우수한 성능을 보일 수 있다. 예를 들어, 체스나 바둑을 잘하는 인공지능 프로그램이나 삼성의 빅스비, 애플의 시리와 같은 음성 인식 시스템, 이메일 스팸 필터 등이 ANI를 활용한 예시이다. 하지만 ANI는 해당 작업 이외의 다른 작업에는 적용할 수 없다.

반면, 인간과 비슷한 수준의 지능을 가진 인공지능인 AGI(Artificial General Intelligence, 범용인공지능)는 다양한 작업에서 학습하고 이해할 수 있으며, 새로운 작업에 대한 지식을 적용할 수 있다. AGI는 다양한 상황에서 추론, 문제 해결, 학습 등의 능력을 갖추어 사람과 유사한 일반적인 지능을 발휘할 수 있으며, 이러한 인공지능이 실현되면 사람의 능력을 뛰어넘는 작업을 수행할 수 있게 될 것으로 예측하고 있다.

공부의 신 가라사대
"공부 안 해도 되는 세상 온다"

ANI와 AGI에서 더 발전한 것이 ASI(Artificial Super Intelligence, 초인공지능)이다. ASI는 인간의 모든 지능적인 작업을 뛰어넘는 인공지능을 의미한다. ASI는 인간의 인지, 학습, 문제 해결, 창의성 등의 모든 측면에서 뛰어난 능력을 갖추게 되는데 이러한 인공지능은 인간의 이해 능력을 초월하고, 지적인 작업의 모든 영역에서 우수한 성과를 낼 수 있다. ASI는 현재로서는 아직 이론상의 개념이지만, 일부 인공지능 연구자들은 ASI가 실현되면 인간문제, 과학 연구, 사회 문제 등을 해결하는 데에 큰 도움을 줄 수 있다고 주장한다.

현재까지 실현된 인공지능은 모두 좁은 인공지능인 ANI로 구분되고 있다. 범용인공지능 AGI는 결국 실현될 것이라고 보는 시각과 아직도 출현시기가 멀었다는 시각이 팽팽한 상황이다. 이렇게 인공지능과 기술의 발전이 인간의 지적 능력 이상을 갖추게 되는 시기를 특이점(Singularity)이라고 한다.

특이점은 주로 '기술적 특이점' 또는 '지능적 특이점'으로 불리는데, 이는 인공지능의 발전이 지속적으로 가속화되고, 인간의 지능을 초월하는 인공지능이 개발되는 시점을 가리킨다. 특이점 이전에는 인간이 지능과 기술적 우월성을 가지고 있지만, 특이점 이후에는 인간의 인지 능력을 넘어선 초인공지능이 생겨나고, 인간의 능력을 훨씬 뛰어넘는 작업을 수행할 수 있게 된다.

유튜브 채널 '공부의 신 강성태'를 운영하는 교육연구자 강성태는 특이점에 대해 38분 가량의 영상을 올렸다. 그는 이 영상을 통해 "특이점이 오면 노동으로부터 자유로워지는 세상이 오고, 억지로 공부하지 않아도 충분히 멋진 삶을 살 수 있으며, 죽음도 초월하게 될 것"이라고 말했다. 오픈AI는 챗GPT를 대중에게 공개하기 이전 검증된 몇몇 회사에만 사용 권한을 주고 프라이빗 프리뷰 기간을 가졌다. 이때 강성태 씨는 자신이 창업한 스타트업을 통해 챗GPT의 프리뷰 버전을 사용할 수 있었다. 처음 챗GPT를 만난 그날, 밤을 꼴딱 새고 난 강성태 씨는 "완전히, 끝났다"라고 생각했다.

강성태 씨는 인공지능의 특이점에 대해 "인공지능이 더 나은 인공지능을 창조하고, 그 인공지능은 더 나은 인공지능을 개발해 1,000년을 이어온 과학기술의 진보가 단 1초만에 일어날 수 있다"고 예측했다. 그렇게 되면 인간은 인공지능의 기술을 이해할 수 없게 된다. 그러면서 강성태 씨는 "앞으로 올해는 '멀티모달(Multi Modal, 다양한 유형의 데이터 양식을 함께 처리하는 것을 의미)'의 해가 될 것이라며, 그동안 인공지능이 인터넷에만 있던 정보를 학습했다면 이젠 자신만의 눈과 귀로 세상을 학습하게 될 것이고 학습 속도는 더욱 빨라질 것"이라는 주장이다. 일론 머스크는 심지어 2020년에 "5년 내에 인공지능이 인간을 추월할 것"이라고 예측했다. 강성태와 일론머스크의 예측이 맞을까? 우선 2025년까지 기다려봐야 알겠지만, 이런 속도라면 2024년 안에 결론이 날지도 모를 일이다.

PART 5

로봇

디지털이 인간의 삶을 지금보다 더 편하게 바꿔놓으려면 내가 말하지 않아도 알아서, 나 대신 움직여줄 존재가 있으면 된다. 이걸 합하면 '나 대신 알아서 행동하는 로봇'이 필요하단 이야기다. 일상과 가정에 인공지능 로봇은 어떻게 적용될까. 우선 생산 현장에는 어느 정도 적용을 마친상태고 가정에 로봇 가사도우미가 판매 혹은 렌탈될 날도 멀지 않았다.

로봇가사도우미가 온다

일론 머스크가 2024년 1월, 테슬라가 개발 중인 휴머노이드 로봇 '옵티머스 2세대(Optimus-Gen2)'가 걸어다니는 영상을 공개했다. 앞서 일론머스크는 옵티머스가 빨래를 개는 영상이나 계란을 엄지와 검지로 들어 냄비 위에 조심스럽게 올려놓는 영상을 공개해 공장뿐만 아닌 가정에서도 로봇 가사도우미가 상용화 될 날이 머지 않았다는 기대감을 심어줬다.

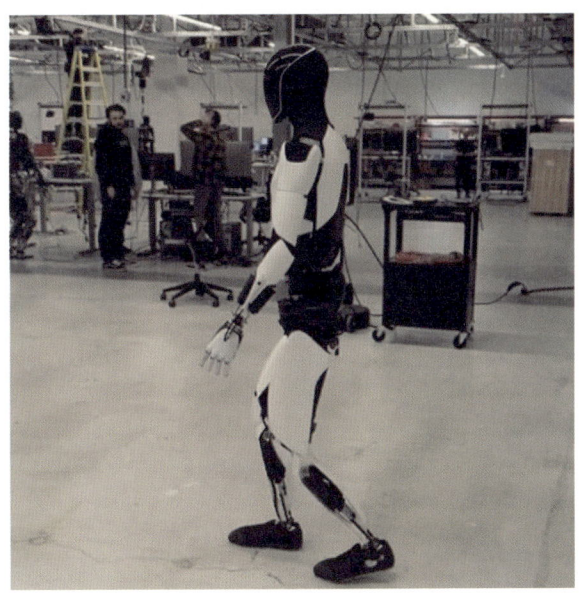

연구소 안을 산책하는 옵티머스.
출처: 일론 머스크 엑스

집게 손가락을 이용해 계란을 들어올리고 냄비 위에 올리는 옵티머스 2세대.
출처: 테슬라 유튜브

앞서 테슬라는 2021년 휴머노이드 로봇 개발 착수 계획을 발표하고 2022년 9월 옵티머스 시제품을 최초 공개했다. 이어 2세대 옵티머스를 발표하면서는 공장 내 단순노동부터 가사 등 인간의 삶을 돕게 만들겠다는 청사진을 밝혔다.

삼성이 최근 새롭게 세상에 선보인 로봇 '볼리(Ballie)'는 그동안 상상만 하던, '영화같은 미래'를 실현하는 존재다. 비교하자면 집안일의 모든 것을 집주인 대신 관리해주던 '집사'가 볼리로 새롭게 태어난 것과 같다. 볼리는 공 모양 로봇으로 집안 구석구석을 자율주행하며 집안 곳곳을 인식하고, 가전을 연동해 스마트하게 관리한다. 사용자의 상황에 맞게 자기 스스로 현재 해야 할 일을 판단하고 수행한다. 아울러 어린이, 노인, 반려동물의 돌봄도 수행한다. 건강 상태도 확인하고 멀리 있는 가족에게 영상을 보내며 소통을 돕는다. 볼리는 사람의 즐거운 파트너로도 역할한다. 사용자가 원하는 공간 언제, 어디에서나 필요한 콘텐츠를 제공한다. 천장, 바닥, 벽 그 어느곳에라도 보고싶은 채널을 바로 송출하고, 사용자가 원하는 음악도 틀어준다.

디지털 전환 시대를 거치며 '자동화'의 중요성이 커지고 있다. 최근에는 RPA(Robotic Process Automation, 로봇 업무처리 자동화)를 활용한 업무 자동화 솔루션이 더욱 주목받고 있다. 단순·반복적인 업무를 자동으로 처리하는 '로봇 프로세스 자동화(RPA)' 시스템 도입을 통해 업무의 효율성을 높일 수 있기 때문에 기업과 공공기관 등에서 RPA 기술 도입이 가속화되고 있다.

RPA란 'Robotic Process Automation'의 약자로, 소프트웨어 로봇을 사용하여 반복적으로 발생하는 업무 프로세스를 자동화하는 기술이다. 즉, 규칙이 규정된 반복적인 단순 업무를 자동화하여 빠르고 정밀하게 비즈니스 업무를 수행하는 것을 의미한다.

간단한 동작을 되풀이하는 매크로(Macro)와 유사하다고 느낄 수 있으나, RPA는 PC에서 사람이 하는 행위 전부를 자동화한다는 부분에서 차이가 있다. 규칙이 규정되어 있으며, 반복적인 업무량이 많을 때 RPA의 도입의 효과를 극대화할 수 있는데 명확하고 단순한 규칙의 업무, 사람의 판단과 주관이 필요하지 않은 업무, 정형화된 데이터를 이용하는 업무 등이 RPA를 사용하기에 적합하다.

RPA 시장 규모는 전 세계적으로 빠르게 성장하고 있다. 글로벌 시장조사 전문기업 스테이티 스타의 '글로벌 RPA 소프트웨어 시장 전망'에 따르면, 2021년 글로벌 RPA 시장 규모는 26억 5,000만 달러(한화 약 3조 4,300억 원)로 추정되며, 2030년 말이면 연 평균 성장률 27.7%로 239억 달러(한화 약 31조 198억 원) 규모가 될 것으로 보고 있다. 리서치 기관 가트너는 2020년 RPA 시장이 코로나19로 인한 경기 침체에도 불구하고 11.94% 성장했고, 2024년까지 두 자릿수의 꾸준한 성장을 보일 것으로 예측했다. 컨설팅 업체 맥킨지 역시 2025년까지 전 세계 기업의 85%가 900개 이상의 업무에 RPA를 도입할 것으로 전망했다.

일은 빠르게, 비밀엄수는 철저하게

기업은 RPA를 도입함으로써 많은 변화를 경험하게 된다. 먼저, RPA가 부수적인 업무를 처리해줌으로써 사람은 더 생산적이고 창의적인 업무에 집중할 수 있고, 생산성과 만족도가 상승할 수 있다.

또한, 단순 반복 작업을 위한 추가적인 인력과 교육이 필요없게 되고 이로 인해 발생하는 인건비와 교육비를 절약하는 것이 가능하다. 아울러 RPA는 사람의 실수에서 오는 위험을 제거하여 정확성과 업무 품질을 높이며, 로봇은 휴식이 필요하지 않아 업무 처리속도도 빨라진다. 마지막으로, 중요한 데이터를 처리할 때도 정보가 누설될 염려가 없다는 장점도 있다.

앞서 말한 것처럼, RPA(Robotic Process Automation)는 사람이 컴퓨터를 이용해 수행하던 규칙적이고 반복적인 업무 프로세스를 SW로봇을 적용해 자동화하는 기술이다.

글로벌 컨설팅 회사 맥킨지(McKinsey)에 따르면, RPA를 도입한 기업 직원들의 업무 생산성이 RPA 도입 전과 비교하여 75% 상승했고, 업무 만족도 역시 약 50% 향상됐다고 한다. RPA는 실제 업무에 어떻게 적용되어 쓰이고 있을까?

RPA 적용 사례

'문서 배부 업무 자동화'를 통해 업무 부담 감소

다량의 데이터를 한 명의 담당자가 처리하게 되면 업무에 대한 부담이 생기고, 업무 처리 속도도 지연된다. 또, 담당 직원이 바뀔 경우, 업무에 공백이 생기고, 문서 분류에 혼란이 발생하기도 한다.

이러한 업무에 RPA를 도입하게 되면 어떨까? 실제로 중랑구청에서는 문서분류 작업에 RPA를 도입했다. 전자 문서 시스템에서 키워드를 검색하여 각 부서에 문서를 배부하는 프로세스로 업무를 자동화했다.

이를 통해 업무 시간을 절감하였고, 담당자의 업무 부담도 줄었으며, 타 업무에 집중할 수 있는 시간까지 마련할 수 있었다.

수기작업 업무 자동화를 통해 누락, 오류 최소화

동일한 업무를 매달 매인원이 수작업으로 수행하면, 많은 오류가 발생할 수 있다. 그런데 RPA를 통해 작업하면 개별 인원이 발생시키는 오류를 최소화할 수 있다.

실제로, 개별 인원이 반복적으로 수행하던 수작업을 통합하여 작업할 수 있도록 자동화한 사례가 있다. 시간 외 근무수당 신청이나 출장 여비 지출 결의 시, 출장 여비를 계산하여 지출 결의를 상신하는 프로세스로 업무를 자동화하였는데 이를 통해 개별 인원이 발생시키는 결재 누락과 오류 건을 최소화하고 업무 효율화 및 업무 부담 경감을 한 사례이다.

이렇게 규칙이 규정되어 있으면서 반복적인 업무에 RPA를 도입하게 되면 업무 효과를 극대화할 수 있다. 명확하고 단순한 규칙의 업무나 사람의 판단과 주관이 필요하지 않은 업무, 정형화된 데이터를 이용하는 업무 등에 RPA를 활용하면 빠르고 정밀한 비즈니스를 수행할 수 있다. 국내를 넘어 아시아권 물류센터 중에서도 최대 규모에 속하는 쿠팡의 대구 풀필먼트 센터(대구 FC)에는 AI 기반 자동화 혁신기술이 집약되어 있다.

쿠팡 대구 FC는 다양한 최첨단 기술 도입을 통해 직원들의 업무 강도를 획기적으로 낮추고 안전한 근로환경을 제공하고 있으며, 고객을 위한 로켓배송 서비스 품질을 한층 끌어올린 '최첨단 미래형 물류센터'로 평가 받고 있다.

로봇 1,000대로 이룬 물류 혁신 '쿠팡 최첨단 물류센터'

쿠팡은 최근 상품 진열부터 집품, 포장과 분류까지 AI 자동화 기술을 이용해 상품을 관리하고 직원들의 업무를 돕는 스마트 물류 프로세스를 공개했다.

쿠팡은 대구 FC를 세우고 자동화 풀필먼트 시스템을 구축하기 위해 3,200억 원 이상을 투자했는데 축구장 46개(지하 2층~지상 10층) 규모의 대구 FC는 주요 물류 업무동에 무인 운반 로봇(AGV), 소팅 봇(sorting bot), 무인 지게차(driverless forklift) 등 단일 물류센터 기준 국내 최대 규모 수준의 다양한 최첨단 물류 기술들을 적용하고 있다.

쿠팡은 대구 FC 7·9층에 AGV 로봇 1,000여 대 이상을 도입하여 상품의 진열과 집품 작업을 자동화했다. 기존에는 직원이 일일이 수많

상품이 진열된 선반이 근무자에게 이동해 상품의 진열과 집품 작업을 자동화한 'AGV 로봇'
출처: 쿠팡

은 상품이 담긴 선반 사이를 오가며 고객이 주문한 물건을 찾아다니는 PTG(Person to Goods) 방식이었는데 대구 FC는 AGV 로봇이 수백 개 제품이 진열된 최대 1,000kg 선반을 들어 바닥에 부착된 QR코드를 따라 이동, 직원에게 상품을 전달하는 GTP(Goods to Person) 방식

상품 포장지에 찍힌 운송장 바코드를 스캐너로 인식 후 배송지별로 상품을 분류하고 옮겨주는 '소팅 봇'
출처: 쿠팡

의 물류 기술을 도입했다.

AGV를 통해 전체 업무 단계를 65% 줄이고, 평균 2분 안에 수백 개 상품이 진열된 선반을 직원에게 전달하게 되는데 주문량이 많은 공휴일을 포함해 1년 365일, 하루 24시간 가동되기 때문에 로켓배송 등에 핵심 자동화 기술로 이용되고 있다.

복잡한 상품 분류 작업은 '소팅 봇'을 활용해 기존의 물류 패러다임을 바꿨다. 소팅 봇은 사람이 물건을 옮기거나 들어 올리는 분류 업무를 모두 없앤 최첨단 물류 로봇으로, 상품 포장지에 찍힌 운송장 바코드를 스캐너로 인식하여 단 몇 초 만에 배송지별로 상품을 분류하고 옮겨준다. 쿠팡은 수백 대가 넘는 소팅 봇을 대구 FC에서 운영하고 있는데, 소팅 봇을 도입해 쿠팡 직원의 업무량이 65% 단축됐다고 한다. 또, 대구 FC 5층에 배치된 수십 개의 무인 지게차들은 직원의 안전성을 높이는 핵심 기술이다. 직원이 누르는 버튼 한 번으로 무인 지게차가 알아서 대용량 제품을 옮겨준다. 무인 지게차가 운영되는 존에는 사람의 이동이 전면 차단돼 사고 발생을 방지하고 있다.

로봇이 주차하고, 택배 배송까지! 네이버·현대차의 '로봇 친화 빌딩'
회사에 출근하면 로봇이 자동으로 주차를 해주고, 택배와 커피를 배달해 주는 등 혁신적인 오피스 환경이 구현되고 있다. 네이버에 이어 현대차그룹도 업무 환경에 적합한 로봇 친화 빌딩을 구축했기 때문이다. 로봇과 자율주행, AI, 클라우드 기술이 융합된 네이버 제2사옥 '1784'와 현대자동차그룹의 '로봇 친화형' 스마트 오피스 빌딩에 대해 알아보자.

로봇과 자율주행, AI, 클라우드 기술을 융합한 네이버 제2사옥

대표적인 로봇 친화 빌딩은 2022년 경기 성남시 분당구에 문을 연 네이버 제2사옥이다. 네이버는 2022년 4월, 세계 최초의 로봇 친화형 빌딩인 제2사옥 '1784'를 공개했는데 로봇과 자율주행, 인공지능(AI), 클라우드 기술을 융합해 미래 성장 동력이자 새로운 혁신을 일

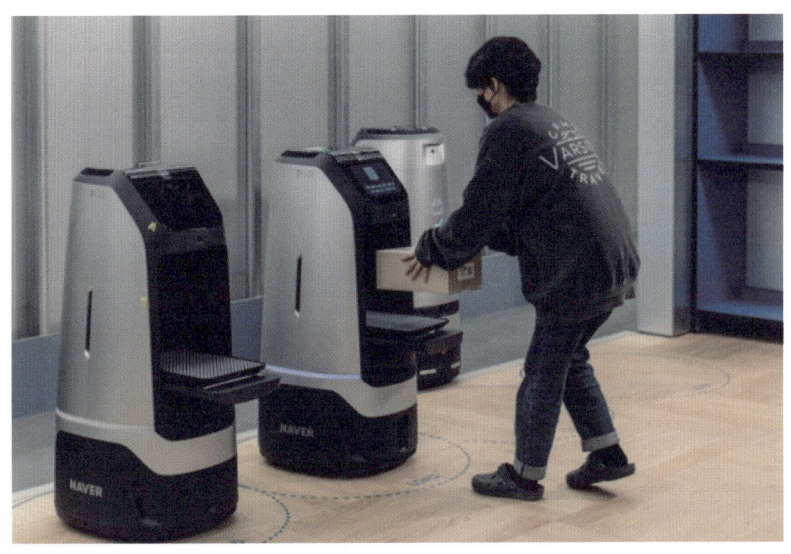

네이버 제2사옥에서 택배배달하는 로봇 루키
출처: 네이버

로봇 전용 엘리베이터인 '로보포트(ROBOPORT)'
출처 : 네이버

귀낼 거대한 기술 테스트베드로 활용하겠다고 밝혔다.

1784 사옥에는 임직원들에게 배달 서비스를 제공하는 로봇 '루키'와 로봇 전용 엘리베이터, 두뇌 역할을 하는 아크 등이 있다. 배달로봇 '루키'는 클라우드와 5G, 디지털트윈 기반 브레인리스 로봇으로, 네이버랩스의 자율주행 로봇 플랫폼 어라운드(AROUND)를 기반으로 만들어졌으며, 로봇 전용 엘리베이터인 '로보포트(ROBOPORT)'는 지

하 2층부터 옥상까지 전층에 걸쳐 운행되는 순환식 구조로, 1784 로봇들의 수직 이동 속도와 효율성을 극대화해 활용되고 있다.

또, AI 챗봇 '웍스(WORKS) 비서봇'을 통해 사내카페와 식당의 실시간 메뉴 대기 현황을 확인하고 주문하거나, 사옥 내 주차 위치도 확인할 수도 있다.

배송 로봇부터 무인 주차 로봇까지...현대차, 업무 환경에 적합한 로봇 빌딩

현대자동차그룹 역시 로봇 친화 빌딩을 구축하기 위해 2023년 5월 부동산 투자운용사인 이지스자산운용과 함께 업무 협약을 맺었다. 단순한 로봇 개발이 아니라 첨단 스마트 오피스 건물을 위한 '로보틱스 토털 솔루션'을 만들겠다는 목표에 따라 파트너십을 맺은 것이다.

현대차그룹은 실내외 배송 로봇, 무인 주차 로봇, 안내·접객 로봇, 전기차 충전 로봇, 퍼스널 모빌리티, 무인 택배 시스템 등 다양한 로봇 기술들을 지니고 있는데, 이를 이지스자산운용이 만들고 있는 '스마트 빌딩 OS(Operating System)'와 연계해 기업 업무 환경에 적합한 로봇 서비스를 공동 개발하겠다는 것이다.

사무 공간에 들어설 때부터 얼굴 인식을 통해 출입이 이뤄지고, 스마트 좌석 예약이 진행돼 업무를 시작하면, 로봇이 식음료를 직접 가져다주는 환경이 갖춰지는 것이다. 더불어 로봇이 택배를 배달해주거나 수거하는 등 입주 기업들의 업무 환경에 맞는 로보틱스 서비스가 이뤄질 수 있다.

현대차그룹의 로봇 친화형 빌딩은 네이버의 1784와 달리 건물 진입 단계에서부터 로봇이 개입하게 되는데 직원들이 전기차로 출근한 뒤, '스마트 존'에 내리기만 해도, 무인 주차 및 자동 충전이 이뤄지는 등 출근 직후부터 로봇이 자동 발레파킹을 돕는 환경을 갖출 예

네이버 1784
출처 : 네이버

정이다.

첫 사업 공간은 2024년 4월부터 입주가 시작된 '팩토리얼 성수'이다. 이지스자산운용에 따르면, 지하 5층~지상 10층 규모(연 면적 2만 1,030㎡)가 될 이 건물은 지상 3~10층은 오피스 공간으로 쓰이고, 이후 이지스자산운용이 개발 예정인 서울 서남부 권역 바이오 클러스터에 적용될 것으로 예상된다.

팩토리얼 성수
출처:이지스자산운용

PART6

디지털 헬스케어

태어나 죽는 건 하늘의 뜻이지만 삶의 질을 결정하는 건 이젠 기술의 몫이기도 하다. 국민 개개인이 개인 주치의를 둘 수는 없지만 간편하고 효율적인 디지털 헬스케어 디바이스로 건강상태를 체크하고 질병을 예측하며 나아가 치료까지 가능한 세상이 열리고 있다. 인간에겐 편리를, 기업에겐 새로운 성장동력이 될 디지털 헬스케어. 일각에선 디지털 헬스케어 디바이스와 원격진료의 확대가 결국 비대면 진료를 익숙하게 해 인공지능 의사와의 진료를 가능하게 만들 교두보 역할을 할 것이라는 재밌는 예측을 하기도 한다.

삼성·애플 이제 반지까지 만드네

삼성과 애플의 '스마트링' 본격 출시가 얼마 남지 않았다. 삼성전자는 2024년 7월 하반기 언팩 행사에서 삼성의 스마트링 '갤럭시링'을 공개할 예정이다. 혈류 측정, 심전도 기능을 탑재해 건강과 수면 관련 정보를 추적하거나 다른 기기 원격제어, 무선결제 등을 지원한다. 애플도 스마트링 관련 특허를 잇달아 등록하며 개발에 속도를 내는 모양세다. 현재 스마트링 시장을 주도하는 곳은 핀란드의 헬스케어 기업 오우라. 그러나 오우라는 2016년 수면, 심박수 측정 등 헬스케어 기능이 중심이 된 오우라링을 처음 선보이고 현재 3세대까지 출시했지만 아직 대중적 인기를 크게 끌지는 못했다. 결국 전문가들은 삼성과 애플이 본격적으로 스마트링을 세상에 내놔야 대중화할 것이라고 예측하고 있다.

삼성전자가 공개한 스마트 반지 '갤럭시 링'의 모습
출처: 삼성전자

스마트폰에서 스마트워치로, 그리고 스마트링으로 디지털 헬스케어 디바이스의 크기는 더욱 작아지지만 기능은 더욱 고도화하고 있다. 글로벌 시장조사기관 비즈니스리서치인사이트에 따르면 글로벌 스마트링 시장 규모는 2023년 2,000만 달러(우리 돈 약 265억 원)에서 2031년 1억 9,703만 달러(약 2,600억 원)까지 커질 전망이다. 연평균 성장세는 28.9%. 스마트링에 탑재될 바이오센서 등 부품 생태계의 활성화도 기대해볼 만한 수준이다.

디지털 헬스케어는 다양한 디지털 전환 분야 중에서도 가장 오래전부터 논의돼왔던 부분이자 논란이 많았던 부분이다. 개인의 건강정보를 기기와 통신으로 주고받는 게 윤리적으로 올바른가에 대한 논의가 꾸준히 있었기 때문이다. 그러나 코로나19 이후 의도치 않게 비대면 진료가 확산되고, 디지털 헬스케어에 대한 수요가 많아지면서 디지털 헬스케어 시장의 확산에도 속도가 붙었다. 성장 가능성이 큰 산업 분야로 꼽히기도 한다.

디지털 헬스케어는 의료 기술에 정보통신기술(ICT)을 결합해 개인 맞춤형으로 질병을 예방하고 삶의 질을 높이는 건강관리 서비스를 말한다. 즉 '디지털 기술과 융합된 종합의료서비스'를 의미한다. IT 기술과의 융합으로 치료뿐만 아니라 미래 예측을 통해 질병을 예방하고, 환자 개개인의 고유한 특성에 적합한 맞춤의학 제공은 디지털 헬스케어의 중요한 특징이다.

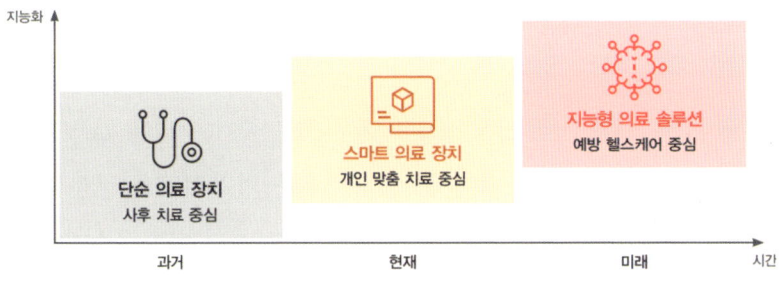

헬스케어 패러다임의 변화
출처 : PwC

정보통신산업진흥원에 따르면 디지털 헬스케어의 분야는 무선 헬스케어, 모바일 헬스케어, 원격의료, 전자의료기록시스템 총 4가지로 구분된다.

먼저, '무선 헬스케어'는 무선 기술이 적용된 헬스케어 기기와 서비스를 뜻하는데, 무선 서비스가 전부 모바일 단말기에서 이용되지는 않기 때문에 모바일 헬스케어와는 다른 개념으로 쓰이고 있다. '모바일 헬스케어'는 스마트폰을 활용한 헬스케어 서비스를 의미한다. 예를 들어, 삼성헬스 앱을 통한 종합 건강관리가 모바일 헬스케어의 한 종류라고 할 수 있다. '원격의료'의 경우, 환자와 의료 서비스 제공자가 원거리에서 통신기술을 활용하여 건강 상태를 모니터링·진단·처방하는 시스템이며, 마지막으로 '전자의료기록'은 의료기관에서 환자 정보를 기록하고 진단, 처방하는 전자 시스템이다.

디지털 헬스케어 해외 사례

헬스케어 분야의 시장 규모는 전 세계적으로 증가 추세에 있으며, 최근 테크 기업들은 헬스케어 분야를 새로운 먹거리로 선정하고 시장 선점을 위해 경쟁하고 있다. 실제로 2021년 디지털 헬스케어 시장 매출 추정액은 2,680억 달러(약 364조 4,800억 원)로, 2019년 대비 53.1% 성장했다. 정보통신산업진흥원이 2023년 발표한 자료에 따르면, 디지털 헬스케어 시장 규모는 2019~2025년 연평균 성장률 12%로, 2025년 6,570억 달러(약 897조 4,620억 원)로 크게 성장할 전망이다.

특히 인공지능(AI) 및 기계학습(ML) 알고리즘은 건강기록과 의료영상 등 방대한 데이터를 신속, 정확하게 분석하고 잠재적인 질병 징후를 탐지할 수 있어 질병 예측과 여러 질환의 진단에 활용되고 있다. AI 기반 의료 영상은 사람의 눈으로 식별하기 힘든 미세한 변화와 패턴을 감지해 진단의 정확성과 효율성을 높여줄 수 있어 크게 발전하고 있는 분야 중 하나다.

2011년에 설립된 아테리스(Arterys)는 데이터에 기반한 정확한 진단과 치료 결정을 지원하는 AI 의료 영상 업체다. 아테리스는 방대한 심장 MRI 데이터를 클라우드에 축적하고 딥 러닝으로 진단을 지원하는 소프트웨어를 개발해 2017년 클라우드 기반 딥 러닝에 대해 세계 최초로 미국 식품의약국(Food and Drug Administration, FDA) 승인을 받았다.

현재 골절, 기흉, 폐 결절, 뇌졸중, 유방암 감지 등 다양한 영역에서 AI 기반 영상 진단 소프트웨어를 제공하고 있으며, 아테리스가 개발한 3D 및 4D MRI 영상은 심장의 혈류를 사실적이고 입체적으로 시각화해 효과적이고 정확한 영상 진단을 지원한다. 뇌졸중 초기 징후를 식별해 더 빠른 치료를 돕는 솔루션에도 AI가 활용되고 있다. 2016년에 설립된 비즈닷AI(Viz.ai)는 뇌졸중 감지 및 치료 플랫폼 개발업체로 AI 기반 질병 탐지 분야의 선두 업체다.

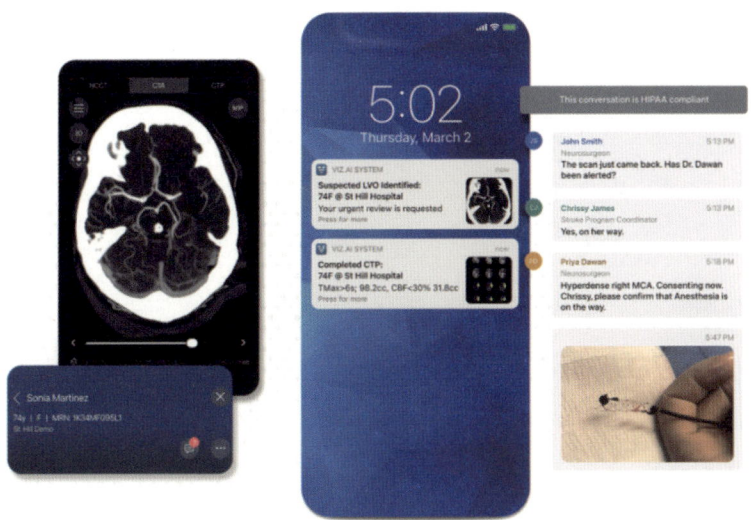

Viz.ai가 개발한 의료 영상 플랫폼
출처 : Viz.ai 홈페이지

비즈닷 AI가 개발한 의료 영상 플랫폼은 AI 기반 솔루션으로 CT 촬영, 심전도, 심장초음파 등을 포함한 의료 영상 데이터를 분석해 뇌졸중, 동맥류, 폐색전증과 같은 특정 질병이 의심되는 환자를 식별해 의사에게 초기 징후를 경고한다.

뇌졸중은 뇌로 흐르는 혈관이 막히는 뇌경색이나 혈관이 파열되는 뇌출혈로 인해 뇌가 손상을 입고 이로 인해 신체가 영향을 받게 되는 뇌 질환이다. 뇌로 공급되는 혈액이 차단되는 시간이 길어질수록 뇌 손상 범위가 커지므로 최대한 빨리 치료에 들어가는 것이 관건이다. Viz.ai의 플랫폼은 뇌 CT 촬영으로부터 몇 초 이내에 뇌졸중 여부를 자동 감지해 의심 환자를 식별한 뒤 즉시 뇌졸중 전문의의 휴대 전화로 알림을 보낸다. 이를 통해 의사는 위험 환자군을 사전에 예측하고 진단 속도를 단축해 신속한 치료를 시행할 수 있다. 동 소프트웨어는 현재 전 세계 1,400개 이상의 병원에서 활용되고 있다.

AI는 의료 전문 분야뿐만 아니라 일반인들의 건강관리를 돕는 데도 활용되고 있다. 2008년에 설립된 눔(Noom)은 인공지능 기반의 건강관리 휴먼 코칭 서비스를 제공하는 모바일 헬스케어 회사다. 체중 감량과 행동 변화 등 사람들이 스스로 건강관리를 할 수 있는 디지털 서비스 제공을 목표로 설립됐으며 자사 건강관리 코칭 앱 Noom은 전 세계 누적 이용자 수가 5,000만 명에 달한다.

이 앱은 31억 건의 코칭 데이터에 기반한 인공지능 플랫폼과 심리학자, 영양사, 운동 생리학자 등으로 구성된 라이프스타일 코치진이 사용자 맞춤형 식이요법 등을 제안하며 이용자들의 식습관 변화를 돕는다. 370만 개의 음식 단위 데이터베이스, 수천 개의 건강한 레시피, 체중, 운동, 혈압 등 임상 정보 기록 기능 등을 바탕으로 비만, 제2형 당뇨병, 고혈압 등 다양한 질환을 관리하고 개인의 건강 상태에 맞춤화된 프로그램을 제공한다.

Noom은 AI와 사람의 융합을 통한 코칭 서비스를 제공하고 있는데 식단과 칼로리, 운동량 계산이나 반복적인 대화는 AI 알고리즘을 활용하고, 동기부여, 공감 등 정서적 감정을 헤아리는 작업은 사람을

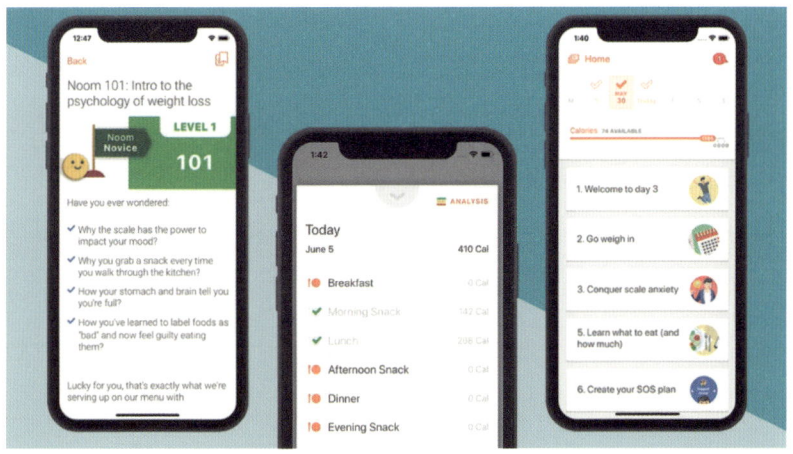

건강관리 코칭 앱 Noom
출처 : Noom

Youper의 AI 기반 정신건강 관리 앱
출처 : Youper 홈페이지

활용해 이용자들이 꾸준한 관리로 건강 목표를 달성할 수 있도록 돕는다.

유퍼(Youper)는 언제 어디서나 누구나 이용할 수 있는 정신건강 서비스를 제공하기 위해 2016년에 설립된 AI 기반 원격 의료 플랫폼이다. 동사 개발 정신건강 관리 앱 Youper는 AI 챗봇 기반의 심리상담 서비스를 제공하며 인지행동치료(CBT) 기법을 통해 사용자의 기분과 수면 패턴을 개선하고 우울증과 불안 증상을 경감시키기 위한 방법을 추천해 준다.

이용자는 앱을 통해 자신의 기분과 정신 건강 상태를 체크할 수 있고, 심리학과 AI를 결합한 알고리즘은 사용자의 정서적 요구를 이해하고 자연스러운 대화를 이끌어가며 감정 조절을 돕는다.

2021년 발표된 스탠퍼드대학(Stanford University) 연구팀의 연구에 의하면 AI 기반 앱 서비스가 정신 건강치료에 효과가 있는 것을 입증했다. Youper앱 사용자 4,500명을 대상으로 한 실험에서 앱 사용 2주 뒤부터 불안 증상이 24%, 우울증이 19% 감소한 것으로 나타났다. Youper은 250만 명 이상의 사용자를 보유하고 있으며 원격 의료 서비스와 결합해 전문가를 통한 온라인 치료와 처방 약의 배송 서비스도 제공하고 있다.

우리나라도 「4차 산업혁명 기반 헬스케어 발전전략(2017.11)」, 「바이오헬스 산업 혁신 전략(2019.5)」, 「한국판 뉴딜 종합계획(2020.7)」 등을 통해 빅데이터 구축, 정밀의료, 스마트 병원 구축 등을 추진해왔다. 또한, 「디지털 헬스케어 서비스 산업 육성 전략(2022.2)」에서는 10대 중점 추진과제를 발표하고, 의료·IT 융합형 산업을 육성하기 위해 거버넌스 구축 및 제도 개선 등을 진행하겠다고 밝혔다.

국내에서는 여전히 정밀의료(DTC 유전자 검사)와 원격의료 등을 둘러싼 팽팽한 줄다리기가 지속되고 있는 것도 사실이지만, 코로나 19 이후 원격의료 등의 필요성에 대한 국민적 요구가 높아지고, 윤석열 대통령도 선거 공약에서 디지털 헬스케어를 육성하겠다고 밝혀, 향후 해당 산업에 대한 규제 완화 및 지원이 기대되는 상황이다.

특히 우리 정부는 2024년 2월 '의료·심리상담 분야의 인공지능(AI) 일상화를 위한 간담회'에서 AI기술의 최신 동향을 공유하고, 의료 심리상담 분야의 인공지능 확산과 국민체감 서비스에 필요한 전문가들의 제안을 경청하며 우울증과 불안장애를 앓는 환자가 증가하는 정신건강 분야에 초거대 AI를 적극 활용할 계획을 밝히기도 했다. 실제 현장 곳곳에서는 AI를 활용한 심리상담이 늘어나는 추세다. 2021년 사단법인 한국폭력학대예방협회(KAVA)는 대화형 인공지능 심리지원 서비스 로봇 '조앤'을 선보였다. 조앤은 인공지능 스피커로 잘 알려진 SK텔레콤의 인공지능 서비스 누구(NUGU)의 SDK(Software Development Kit, 소프트웨어 개발 키트)를 활용해 인공지능 전문기업 (주)아크릴의 멀티모달 감성 AI 기술, 그리고 KAVA연구진(소아정신과전문의) 상담 기술을 더해 완성한 심리평가 도구다. 빨간 머리 소녀의 형상을 한 인공지능 조앤은 아이들과 자연스럽게 대화하며 신체적·정신적 위기, 자살징후, 학대 여부 등 위기 상황을 포함한 일상의 스트레스 신호를 포착한다.

여기에 AI 시스템을 이용해 상담 필요성을 선별한 후, 적합한 조치 방안을 제시하며 상황에 맞는 전문기관 연계를 도울 수 있도록 만들었다. 보호자는 조앤 상담 보고서를 통해 아동의 심리평가 내용을 정기적으로 받아볼 수 있다. 조앤 테스트에 참여한 아동 83%는 "조앤에게 솔직한 마음을 털어놓을 수 있었다"고 대답했다.

KAVA는 "스마트폰의 보급과 개인정보 보호 강화 등의 이유로 부모나 교사가 아동에 개입하기 점점 어려워지는데, 아동 청소년은 모바일 세상이 익숙하다. 이런 상황에서 오히려 디지털 도구를 활용한 조앤과 같은 프로그램이 더욱 거부감 없이 아동 청소년의 상태를 점검하고, 문제 상황을 효율적으로 평가할 수 있을 것"이라고 말했다.

SKT는 서울대병원과 손잡고 AI로 영유아 자폐 스펙트럼 장애(ASD)를 조기 진단할 수 있는 'AI리빙랩'을 23년 4월 개소했다. SK텔레콤의 딥러닝 기반 비전 AI(Vision AI) 기술은 검사를 받는 아동과 부모의 자연스러운 상호 작용을 관찰·분석하는데 활용된다. 이를 통해 자폐 특성 발현 여부, 발현 강도 및 빈도를 객관적으로 측정하고 관련 진단보조 모델을 개발한다.

예를 들어, 인공지능은 부모를 등지고 있는 아동을 불렀을 때 고개를 돌리는지 여부를 관찰하는 호명반응 검사에서 아동이 반응하기 이전까지 호명횟수, 반응속도, 반응강도(고개를 돌리는 각도) 등을 종합적으로 평가해 장애 정도를 수치화한다. AI는 동일한 환경에서 동일한 기준의 측정 데이터를 제공하고, 시선·표정·행동 등을 함께 관찰하기 때문에 기존에 의료진에게 제공되던 부모의 설문이나 제각

기 촬영한 영상보다 일관성이 있고 종합적 판단을 하는데 효과적이라는 게 관계자의 설명이다.

AI로 영유아 자폐 스펙트럼 장애를 조기 진단할 수 있는 'AI리빙랩'
출처: SKT

카카오도 네이버도 디지털 헬스케어 적극 투자

국내 기업들의 디지털 헬스케어 투자 동향도 글로벌과 유사한 모습을 보이고 있다. 대부분의 전통 제약사들은 전략적 투자를 통해 디지털 헬스케어 업체들의 지분 및 사업권을 확보하며 변화에 대응하고 있지만, 이보다는 신약이나 치료제 개발이라는 본업에 더욱 집중하는 모습이다.

국내도 글로벌 트렌드처럼, 디지털 헬스케어 투자의 축은 네이버와 카카오 양대 빅테크로 볼 수 있다. 양사는 서로 다른 전략으로 시장 공략에 나서고 있는데, 네이버는 고도화된 '인공지능(AI)' 기술을 통한 의료솔루션 제공을 강조하는 반면, 카카오는 플랫폼의 높은 접근성을 바탕으로 의료서비스 생태계를 구현하는 모습을 보이고 있다.

네이버는 2021년 로봇수술 전문가인 나군호 연세대학교 세브란스 교수를 헬스케어 소장으로 영입하여 전문인력을 셋팅하는 등, 현재는 데이터 활용보다 의료솔루션 구축에 심혈을 기울이고 있는 것으로 보인다. 이를 위해 스마트 문진 및 의료기록 간편화 시스템을 구축하고, 환자-의료진 연결 및 의료진 업무 효율성 증대에 초점을 맞추는 작업을 진행하고 있는 것으로 알려져 있다. 또한 네이버의 관계사 라인도 2019년 1월 소니 계열의 의료전문 플랫폼업체 'M3'와

합작법인 '라인 헬스케어'를 일본에 설립 후, 모바일 메신저 라인을 통해 비대면으로 의사와 상담할 수 있는 서비스를 제공한다.

반면 카카오는 2019년 12월 연세의료원과 공동으로 '파이디지털 헬스케어'를 세우고, 연세의료원은 650만 환자의 의료 데이터 사용권과 의료정보시스템 관리 노하우를 제공, 카카오는 의료 빅데이터 분석, 플랫폼 제작 등 기술을 지원하고 있다. 또한 카카오는 4,500만 사용자를 기반으로, 헬스케어 데이터를 이용하거나 이용해야 하는 '모든 이를 위한 기업'이 되겠다는 포부를 밝히며, 모바일 기반 '버추얼 케어(Virtual Care)'와 '데이터 이네이블러(Data Enabler)' 플랫폼으로 발돋움한다는 계획이다.

PART 7

앱 하나로 해결한다!
'슈퍼앱'의 위력

다양한 서비스를 하나의 앱으로 모은 '슈퍼앱'이 인기를 끌고 있다. 여러 가지 앱을 각각 설치할 필요 없이 슈퍼앱 하나만으로도 여러 기능을 사용할 수 있다는 점이 이용자들의 마음을 사로잡았다. IT 분야 리서치 기업 가트너(Gartner)는 2027년까지 전 세계 인구의 50% 이상이 여러 슈퍼앱의 일일 활성 사용자가 될 것으로 예측했다.

슈퍼앱 전략에 집중하는 플랫폼 기업이 늘고 있다. 슈퍼앱은 다양한 서비스를 지원하는 애플리케이션(앱)으로, 하나의 앱에서 쇼핑·송금·예매 등 다양한 서비스를 이용할 수 있는데 여러 가지 앱을 각각 설치할 필요 없이 슈퍼앱 하나만으로도 여러 기능을 사용할 수 있다는 점이 이용자들의 마음을 사로잡고 있다.

기업 입장에서도 고객의 체류 시간을 확보하여 사용자 데이터를 쌓고 연계된 서비스를 바탕으로 추가 수익 창출 가능성까지 이끌어낼 수 있어 슈퍼앱 전략에 집중하는 기업이 늘고 있다.

슈퍼앱의 대부분의 예는 모바일 앱이지만, 해당 개념은 마이크로소프트 팀즈(Teams, 화상회의 및 모임 등 협업툴), 슬랙(Slack, 클라우드 기반 메신저 및 협업툴) 같은 데스크톱 클라이언트 애플리케이션에도 적용될 수 있으며, 핵심은 슈퍼앱이 고객 또는 직원의 사용을 위해 여러 앱을 통합하고 대체할 수 있다는 것이다.

IT 분야 리서치 기업 가트너(Gartner)는 2027년까지 전 세계 인구의 50% 이상이 여러 슈퍼앱의 일일 활성 사용자가 될 것으로 예측하기도 했다.

하이퍼로컬 슈퍼앱 '당근마켓'

중고 거래 플랫폼으로 출발한 '당근마켓'은 '하이퍼로컬 슈퍼앱' 전략을 펼치고 있다. 앱 하나에 지역에 필요한 생활 서비스를 모두 담아 제공하겠다는 것이다.

실제로 중고 거래를 넘어 편의점, 청소, 반려동물, 부동산, 교육, 일자리 소개 등 다양한 지역 상권 서비스를 연계해 제공하고 있다. 여기에 지역기반 간편결제 서비스 '당근페이'까지 오픈하면서 추가 성장성을 확보했다. 이로 인해 당근마켓은 2023년 173억 원의 영업이익을 기록하며 2015년 창사 이후 처음으로 연간 흑자를 달성하기도 했다. 누적 가입자 3,600만 명, 월간 활성 이용자 수(MAU) 1,900만 명에 육박하며 국민 앱으로 자리 잡은 당근마켓은 매년 큰 폭의 성장을 기록해왔다. 2023년 연간 매출 1,276억 원은 지역 커뮤니티 사업을 본격화한 2020년 매출 118억 원 달성 이후 불과 3년만에 10배 이상 성장한 수치다. 중고거래로 시작해 지역기반 커뮤니티 슈퍼앱으로 도약한 당근마켓은 앞으로 커뮤니티 기능을 확대해 지역 기반의 슈퍼 앱으로 성장해 나갈 계획이다.

금융 분야 슈퍼앱 '토스'

슈퍼앱 전략을 구사하고 있는 '토스'는 송금, 증권, 보험, 은행 서비스를 페이 앱과 은행 앱으로 구분하지 않고 하나로 통일했고, 이를 통해 24년 1월 조사한 금융 앱 확보고객 순위에서 1위(월 확보고객 비율 51.2%)를 차지했다.

은행권을 비롯한 전통 금융사들은 그동안 하나의 서비스를 하나의 앱에 제공하는 전략을 고수해 왔는데, 소비자들 입장에선 너무 많은 앱을 사용하는 것에 피로감이 있었다.

토스는 이러한 소비자 불편을 해소하는 슈퍼앱으로 성장하면서 기존 시중은행들까지 위협하고 있으며, 금융 플랫폼 중 슈퍼앱 전략을 이용해 성공한 대표적 사례로도 꼽힌다. 지난 2015년 간편 송금으로 시작해 2017년 펀드 소액 투자, 2018년 보험 비교, 2021년에는 증권 거래와 은행 기능까지 더하며 금융권 대표 슈퍼앱으로 자리 잡았다. 해외에서도 보험, 대출비교, 선불 등 다양한 금융 서비스를 제공하는 글로벌 슈퍼 앱으로 도약할 계획이다.

라이프스타일 슈퍼앱 '오늘의 집'

인테리어 콘텐츠-커머스 앱으로 시작한 '오늘의집'은 최근 리모델링 시공 중개, 홈서비스 영역의 간단 수리 및 설치에 이어 이사 서비스까지 제공하며 다양한 영역을 오늘의집 하나로 이용할 수 있는 슈퍼앱으로 진화하고 있다.

콘텐츠, 커머스, 시공 중개(O2O), 직접 배송, 수리 및 설치 등 공간과 관련된 모든 차별화된 서비스를 제공하겠다는 것이다.

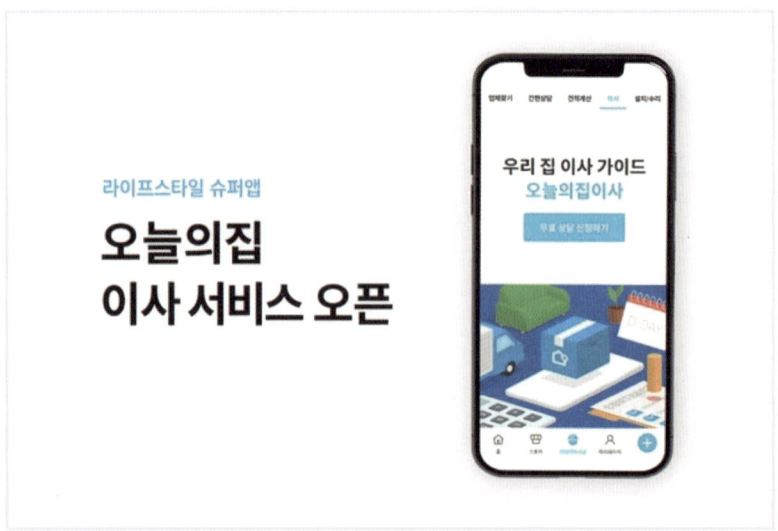

인테리어 콘텐츠-커머스 앱으로 시작한 '오늘의집'은 이사 서비스까지 제공하며 다양한 영역을 오늘의집 하나로 이용할 수 있는 슈퍼앱으로 진화하고 있다.
출처 : 오늘의집

오늘의집에 따르면, 2023년 11월 영업이익률이 전년 동월 대비 22% 포인트 개선되며 흑자를 기록했다. 11월 매출액은 전년 동월 대비 42% 성장했으며, 거래액과 방문자 수도 역대 최고치를 달성했다. 가구뿐 아니라 패브릭, 홈데코 등 대부분의 핵심 인테리어 카테고리에서 역대 최고 거래액을 기록했고, 광고 상품 등 신사업 영역의 매출도 크게 상승했다. 오늘의집은 콘텐츠를 통한 발견과 상품 탐색, 구매가 한 곳에서 이루어지는 콘텐츠-커뮤니티-커머스(3C)의 플라이휠을 더욱 단단히 한 것이 성장의 발판이 됐다는 분석을 냈다. 앞으로도 오늘의집은 공간과 관련된 모든 것을 한 번에 해결해주는 라이프스타일 분야 슈퍼앱을 목표로 고객들이 집에서 필요한 것이라면 무엇이든 오늘의집 내에서 해결할 수 있도록 고객 맞춤형 서비스를 제공할 계획이다.

카셰어링부터 숙박시설 예약까지!
원스톱 슈퍼앱 '쏘카'

차량 공유 서비스를 제공하는 기업인 '쏘카'는 '모빌리티 슈퍼앱'을 목표로 나아가고 있다. 끊김 없는 이동 서비스를 표방하는 '스트리밍 모빌리티(Streaming Mobility)' 사업 전략을 토대로 슈퍼앱 전환을 통해 이동에 필요한 모든 서비스를 제공한다는 것이 쏘카의 목표이다.

기존 차량 공유 서비스를 비롯해 전기자전거 등 마이크로모빌리티 기능을 통합하고, 현재 별도 앱으로 서비스 중인 주차 플랫폼을 쏘

차량 공유 서비스를 제공하는 기업인 쏘카는 '모빌리티 슈퍼앱'을 목표로 다양한 서비스를 출시하고 있다.

출처 : 쏘카

카 앱으로 합치겠다는 구상이다.

쏘카의 MAU가 1년 사이(22.12~23.12) 70% 이상 증가한 원인으로는 슈퍼앱 전략이 꼽힌다. 쏘카는 2023년 1월 쏘카 앱에서 KTX 전 노선 승차권 구매가 가능한 '쏘카-KTX 묶음예약 서비스'를 시작으로 전국 2만 5,000개 호텔·리조트 예약이 동시에 가능한 '쏘카스테이', 자체 간편결제 서비스 '쏘카페이', 전기자전거 '일레클' 이용 기능을 차례로 쏘카 앱과 연동시켰다. '모두의 주차장'을 제외한 쏘카 서비스가 모두 한 앱에서 가능해진 것이다. 한 앱에서 이용가능한 서비스가 늘어나자 MAU도 자연스레 증가했다. 2023년 1월 60만 4,294명이었던 쏘카 앱의 MAU는 2023년 3월 73만 4,693명, 5월 80만 5,909명으로 각각 70만명, 80만명 선을 넘어섰다. 쏘카가 슈퍼앱 효과를 톡톡히 본 셈이다.

은행도 기능·서비스 모은 종합금융 '슈퍼앱'

그동안 금융소비자들은 모바일뱅킹을 이용하기 위해 2~3개 이상의 앱을 추가로 설치해야 하는 경우가 많았다. 그런데 금융위원회가 2022년 8월 하나의 슈퍼앱을 통해 은행, 보험, 카드, 증권 등 다양한 금융 서비스를 제공하는 '디지털 유니버설뱅크'를 적극 지원하기로 했고, 여기에는 금융지주가 계열사 앱을 통합함으로써 '슈퍼앱'을 구축하는 방안도 담겼다.

이에 시중은행들은 분산된 기능을 주력 뱅킹앱에 통합하고, 카드·증권 등 같은 금융그룹 계열사의 서비스를 한 곳에서 제공하는 슈퍼앱 구축에 나서고 있다.

신한은행은 기존 모바일뱅킹 앱 '신한S뱅크'와 '써니뱅크' 등 금융 관련 6개 앱을 통합한 슈퍼앱 '쏠(SOL)'을 출시했다. 신한은행은 쏠 출범 이후 내놓는 신규 서비스 대부분을 이 앱에서 제공하고 있는데, '쏠'의 새로운 버전인 '뉴 쏠'을 내놓으면서 고객이 스스로 자신에게 맞는 기능을 선택해 홈 화면을 구성하고 기존보다 속도를 최대 4배 개선하기도 했다.

NH농협은행은 대표 플랫폼인 'NH올원뱅크'를 중심으로 디지털 유니버설뱅크 전략을 추진하고 있다. 은행·보험·증권 등 금융계열사 핵

올원뱅크의 생활밀착형 서비스.
출처: NH농협은행

심서비스들을 연계해 계열사간 장벽을 없애며 '슈퍼앱'으로 도약하고 있다.

또한 생활 밀착형의 다양한 서비스들을 통합 제공해 하나의 앱에서 고객의 금융 및 비금융 니즈를 해결할 수 있도록 차별화된 서비스를 제공하는 것을 목표로 하고 있으며, 마이데이터와 연계한 맞춤형 자산관리 서비스도 강화했다.

KB금융은 KB스타뱅킹을 그룹의 슈퍼앱으로 키우기 위해 기능을 집중시키고 있다. '뉴 KB스타뱅킹'을 출시한 후 지속적인 업그레이드 작업을 진행하고 있으며, 기존에 흩어져 제공하던 금융 서비스를 모으면서 KB스타뱅킹 기능을 강화하고 있다. 앞서 간편뱅킹 앱인 리브(Liiv), 마이머니 앱 등의 서비스도 종료하면서 KB스타뱅킹으로 해당 서비스를 통합시키기도 했다.

우리은행도 '슈퍼앱' 전략을 적극적으로 추진하고 있는데, 우리카드와 함께 그룹 통합결제 플랫폼을 구축한 데 이어, 한화투자증권이 제공하는 증권서비스를 연계해 우리WON뱅킹에서 간편하게 주식을 사고팔 수 있는 '주식매매서비스'도 출시하면서 주요 앱 하나로 다양한 기능을 이용할 수 있게 되었다.

2024년 11월에 출시 예정인 우리금융지주의 슈퍼앱 '뉴 원(New WON)'은 우리카드, 우리금융캐피탈, 우리종합금융, 우리저축은행 등이 모두 하나로 연결된 앱이다. 우리금융 자회사들의 주요 기능을 끊김 없이 이용하는 동시에 초개인화 서비스를 제공하는데 중점을 뒀다. 우리WON뱅킹을 업그레이드해 은행의 모든 서비스를 뉴 원에 탑재하고, 그룹사의 주요 서비스들도 같이 결합하는 방식이다. 계열사의 여러 앱을 합친 것을 넘어 우리금융그룹의 주요 기능들이 하나의 앱으로 느낄 수 있도록 운영될 예정이다.

PART 8

알아두면 유용한
앱 시리즈

알아두면 일상 생활에서 유용하게 활용할 수 있는 몇 가지 애플리케이션(앱)을 소개한다. 돈버는 '앱테크'부터 리워드 앱, 공공 앱, 직장인 추천 앱, 디지털헬스케어 앱, 자기계발을 도와주는 앱 등 우리가 실생활에서 쓰기 좋은 애플리케이션을 엄선했다.

1 "앱껴야 잘살죠" 알아두면 유용한 돈버는 '앱테크'

최근, 치솟는 물가로 인해 부업이나 부수입 등 추가적인 수입을 늘리려는 사람들이 많아졌다. 이러한 부수입의 일종으로 시간과 장소에 구애 받지 않고 스마트폰으로 간편하게 재테크를 할 수 있는 '앱테크'가 인기를 끌고 있다. 단순히 쿠폰 적립이나 할인의 개념을 넘어, 포인트를 현금화하여 사용하거나 용돈벌이 이상의 수익을 보장하는 차원으로 앱테크가 확장되고 있다.

■ 걷기만 해도 돈이 되는, 돈버는 만보기 '캐시워크'

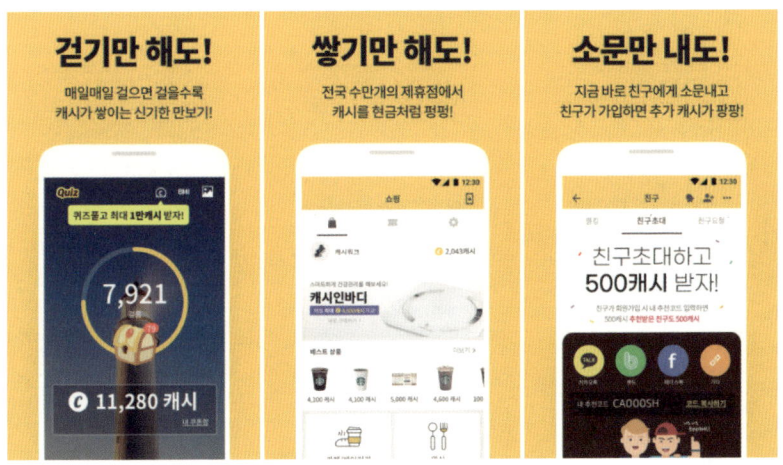

걷기만 해도 돈이 되는 만보기 앱 '캐시워크'
출처 : 캐시워크

PART 8 알아두면 유용한 앱 시리즈

걷기만 해도 돈이 되는 만보기 앱 '캐시워크'는 스마트폰 만보기를 통해 소비 칼로리와 움직인 거리, 시간을 계산해주는 똑똑한 만보기형 앱이다.

캐시워크를 설치하고 걸으면 하루 10,000보까지 포인트가 적립되고, 적립 받은 포인트는 편의점, 카페, 빵집, 레스토랑 등 전국 수만 개의 제휴점 쿠폰을 구입하는 데 사용할 수 있다. 최신기술이 적용되어 시간당 배터리 소모도 적으며, 꼭 필요한 데이터만 사용하기 때문에 데이터 걱정 없이 이용할 수 있다.

- 음악 듣고 돈 버는 '뮤직앤캐시'

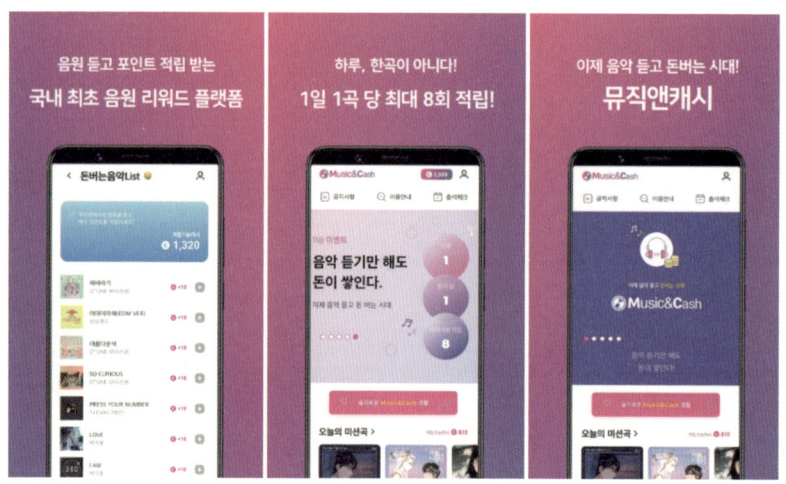

음악 듣고 포인트 적립 받는 음원 리워드 플랫폼 '뮤직앤캐시'
출처: 뮤직앤캐시

뮤직앤캐시는 앱에 등록되어 있는 음원 듣기를 완료하면 캐시 포인트를 적립해주는 음원 리워드 플랫폼이다.

멜론, 지니, 유튜브뮤직, 플로, 바이브, 벅스 총 6개의 음악 스트리밍 플랫폼 중 원하는 곳을 선택하여 플레이를 할 수 있으며, 기존에 이용하던 음원 스트리밍 플랫폼을 그대로 이용할 수 있다는 것도 장점이다.

'돈버는 음악 List'를 통해 포인트를 적립 받을 수 있는 뮤직앤캐시의 전곡을 만날 수 있으며, 뮤직앤캐시의 인기곡을 듣고 포인트를 적립 받을 수도 있다. 또, 오늘의 미션곡을 들으면 일반 적립 포인트보다 높은 포인트를 적립 받을 수 있고, 이렇게 모은 포인트는 기프트샵에서 다양한 기프티콘을 구매하는 데 사용할 수 있다.

■ '패널나우'에서 설문조사하면 10,000원?

온라인 설문조사 리워드 플랫폼 '패널나우'
출처 : 패널나우

'패널나우'는 온라인 설문조사에 응답하고 포인트를 적립할 수 있는 앱으로, 일상생활, 쇼핑, 영화 등 나와 밀접한 다양한 주제의 설문 조사에 응답하면서 포인트를 받을 수 있다.

1회 최대 10,000포인트 적립이 가능하며, 한 달 평균 약 20개의 조사에 참여할 수 있는데 1,000포인트부터 기프티콘과 현금으로 교환이 가능하다. 또, 매일 재미있는 주제로 의견을 나누고 포인트를 적립할 수 있고, 매달 진행되는 이벤트 참여로 선물도 받을 수 있다.

■ 앱 다운 받고 1,000원 적립! '부업 대장 앱체험단'

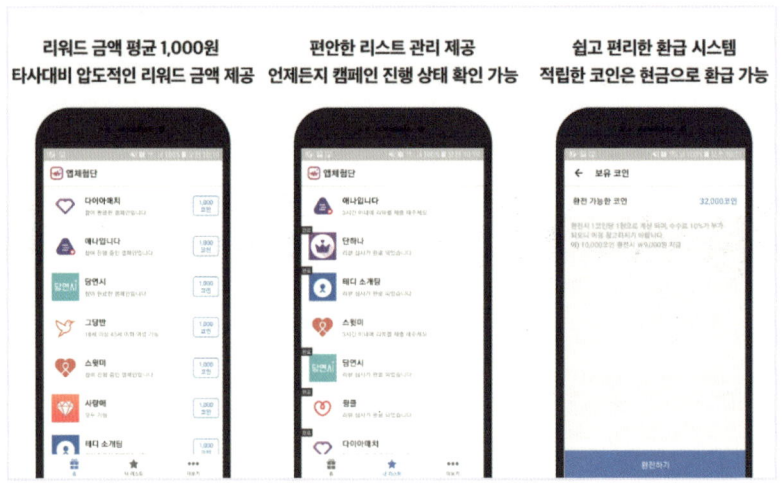

무료 추천 앱을 다운 받고 리뷰를 남기면 포인트를 적립해주는 플랫폼 '부업대장 앱체험단'
출처 : 부업대장 앱체험단

'부업 대장 앱 체험단'은 무료 추천 앱을 다운 받고 리뷰를 남기면 포인트를 적립해주는 플랫폼으로, 적립한 포인트를 현금으로 환급해 돈을 버는 앱이다.

리워드 금액이 평균 1,000원으로 타사 대비 큰 보상을 제공하며, 적립한 코인은 쉽고 편리한 환급 시스템을 통해 1코인당 1원의 현금으로 환급이 가능하다.

2 설치해 두면 유용한 리워드 앱 추천

스마트폰으로 언제 어디서든 돈을 벌고, 필요한 정보를 얻을 수 있는 '리워드 앱'도 인기를 끌고 있다. 리워드 앱은 사용자가 광고를 보거나 미션을 수행하는 등 특정한 행동을 하면 그에 맞는 금전적 보상을 주는 플랫폼인데 간편한 방법으로 앱테크(애플리케이션과 재테크의 합성어)를 할 수 있어 많은 사람들이 이용하고 있다.

■ 영단어 공부하며 돈버는 '똑똑보카'

보상형 영단어 리워드 앱 '똑똑보카'
출처 : 똑똑보카

'똑똑보카'는 교육업체 출신 기획자들과 리워드 앱 개발자들이 개발한 보상형 영단어 리워드 앱이다.

매일 스마트폰을 킬 때마다 잠금 화면에 30개의 새로운 단어가 노출되는데 망각곡선 이론에 맞춰 반복 노출로 암기에 도움이 될 수 있도록 설계됐다. 초등, 중등, 수능, 토익, 생활영어(기초·고급) 등 자신에게 맞는 카테고리를 선택해 맞춤 학습을 할 수 있는데 학습 결과를 확인하기 위해 '돈 버는 똑똑퀴즈'가 출제되며, 영단어 퀴즈를 맞히면 캐시가 지급된다. 캐시는 다양한 기프티콘으로 교환하여 사용할 수 있다.

■ 유튜브 시청·뉴스 기사 읽기 등을 통해 OK캐쉬백 적립하는 '오락'

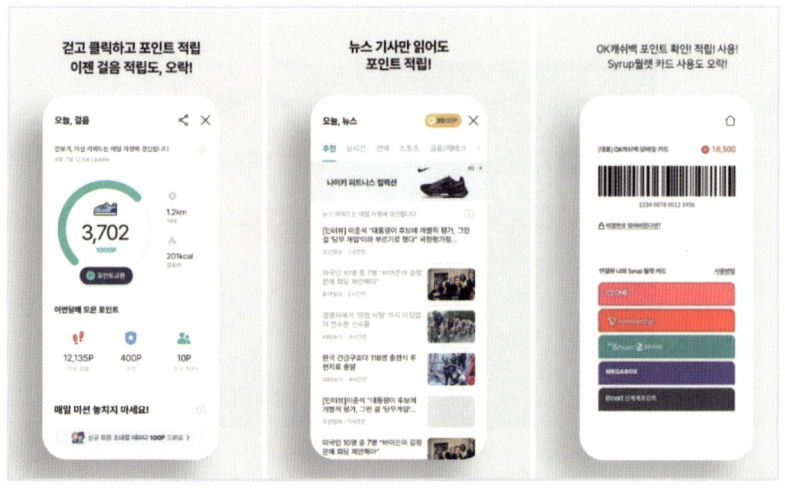

생활습관형 리워드 앱 '오락'
출처 : SK플래닛

'오락'은 SK플래닛이 출시한 생활습관형 리워드 앱으로, 앱 화면과 잠금 화면을 통해 일상생활과 밀접한 다양한 서비스를 즐기면서 OK캐쉬백 포인트도 적립할 수 있다.

주요 서비스인 '오늘, 걸음(만보기)'을 비롯해 '오늘, 플레이(유튜브 시청 적립)', '오늘, 뽑기(게임 적립)' 등 다양한 서비스를 통해 OK캐쉬백 포인트 적립이 가능하다. 특히, '오늘, 뉴스' 서비스에서는 뉴스 기사를 읽으면 OK캐쉬백을 하루 최대 30포인트 적립할 수 있는데 1포인트가 1원의 가치를 지닌 OK캐쉬백 포인트를 현금으로 교환할 수 있으며, 다양한 사용처(11번가, 배달의 민족, 홈플러스, 엔제리너스 등)에서 포인트를 현금처럼 사용할 수 있다.

■ 미션 성공하면 보상금 지급하는 '핀크' 무료머니충전소

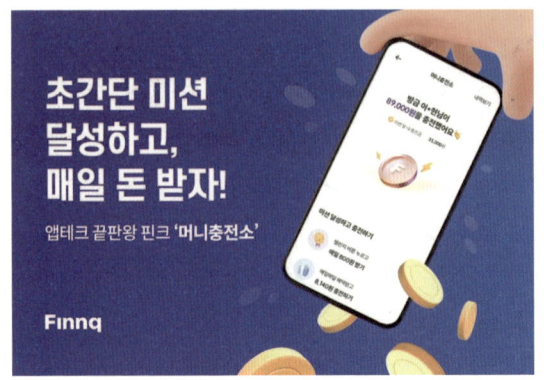

미션 성공하면 보상금 지급하는 '핀크'
출처:핀크

핀크는 사용자가 광고 미션을 달성하면 보상금을 지급하는 무료머니충전소 서비스를 제공한다. 퀴즈 풀기, SNS 구독, 서비스 가입 등 한 미션 당 최소 1분에서 최대 5분 소요되는 간단한 미션을 제공하며, 이를 풀면 리워드를 받을 수 있는데 들어가는 시간과 노력 대비 쏠쏠한 수입을 올릴 수 있어 앱테크족들에게 인기를 끌고 있다.

핀크가 지난 2021년 4월부터 2023년 9월까지 무료머니충전소 데이터를 조사한 바에 따르면, 이용자들에게 지급한 누적 리워드 횟수는 2,630만 건, 액수는 9억 원인 것으로 집계됐다고 하는데 한 사용자에게 지급된 최대 리워드 금액은 468만 원인 것으로 나타났다. 해당 고객이 수행한 미션 수는 총 114건으로 한 미션당 4만 1,000원을 받은 셈이다.

■ 걷고, 먹고, 자고 평범한 습관을 소득으로! '발로소득'

'발로소득'은 걷기를 비롯해 일상의 필수적인 행동을 '소득'으로 바꿔 주는 일상 리워드 앱으로, 앱에서 제시하는 챌린지에 '일상지원금(포인트)'을 내고 참여해 정해진 시간 내에 완수하면 '소득(코인)'을 지급하는데 획득한 코인은 카페, 외식, 편의점 등 다양한 브랜드의 기프티콘 구입 혹은 앱 내 교환권 응모 이벤트 참여에 사용할 수 있다.

발로소득은 아침에 일어나서 저녁에 잠들기까지의 소소한 일상을

걷기를 비롯해 일상의 필수적인 행동을 '소득'으로 바꿔 주는 일상 리워드 앱 '발로소득'
출처 : 발로소득

챌린지로 구성해 별도의 시간 투자 없이 남녀노소 누구나 참여할 수 있으며, 챌린지는 '걸음 습관 챌린지'를 비롯해 물 마시기, 영양제 먹기, 음악 듣기, 책 읽기, 오늘 지출 확인 등 '일상 습관 챌린지'로 구성되어 있다. 챌린지에 성공하면 최대 1,000코인이 주어지며 챌린지 참여를 하지 않더라도 1,000걸음당 코인이 3개씩 자동 적립된다.

유사한 리워드 앱 대비 발로소득은 '도전, 경쟁, 협력' 등 게임 요소를 도입해 즐기면서 참여할 수 있는데, 대표적인 게임 요소는 '일상 지원금'이다. 챌린지 참여에만 쓸 수 있는 이 포인트는 매주 월요일 3,000포인트가 제공되고 남은 포인트는 일요일 자정에 소멸된다.

'일상지원금'은 앱 내 재화로서 챌린지 참여 횟수를 제한하여 도전에 의미를 부여한다. 또한, 걸음 습관 챌린지 중 '팀별 걸음수 대결', '친구랑 함께 걷기' 등을 선택하면 경쟁과 협력을 통한 재미도 느낄 수 있다.

3 알아두면 유용한 정부 공공 앱 시리즈

정부와 공공기관이 국민 편의를 위해 대국민 서비스로 개발하여 제공하는 '공공 앱'은 다양하고 편리한 기능을 무료로 지원한다. 한눈에 정부 혜택을 확인할 수 있는 '정부24'부터 3만여 건의 관광정보 서비스를 제공하는 '대한민국 구석구석', 전국의 공공개방자원을 이용할 수 있는 '공공누리', 생활 속 안전 위험요인을 신고하는 '안전신문고'까지 알아두면 유용한 공공앱을 알아보자.

■ 한눈에 보는 정부 혜택 '정부24'

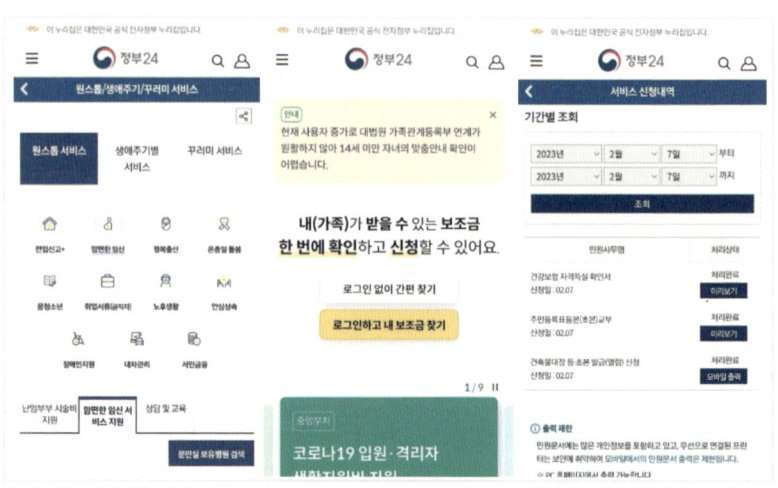

민원, 정책·정보를 통합·제공하는 '정부24'
출처: 정부24

민원, 정책·정보를 통합·제공하는 '정부24'는 대한민국의 서비스, 정책정보, 기관정보를 안내 받고 각 기관의 주요 서비스를 정부24 한 곳에서 신청·발급할 수 있는 정부 대표 포털이다. 정부24에서는 정부서비스 약 8만 5,000건, 민원서비스 약 5,000건 등 약 9만여 건의 서비스가 제공되고 있으며, 약 1,000여 건의 서비스 신청·발급이 가능하다.

민원신청 서비스를 통해 행정기관 방문 없이 언제, 어디서나 인터넷을 통해 필요한 민원을 안내받고 열람·신청·발급이 가능하며, 민원인은 5,000여 종 민원사무에 대해 처리기관, 구비서류, 수수료, 처리기한, 관련법제도 등의 정보를 안내받을 수 있다. 이 가운데 자주 이용되는 민원서비스에 대해 모바일 서비스가 제공된다.

또한 대한민국 중앙행정기관, 공공기관, 지방자치단체가 제공하는 서비스를 12개로 분류하여, 개인의 생활에 필요한 맞춤형 서비스를 다양한 방법으로 제공한다. 매일 업데이트되고 있으며, 총 9만여 건의 서비스를 분야별 및 맞춤형으로 제공하고 있다.

■ 알찬 여행 가이드 '대한민국 구석구석'

국내 여행 정보 서비스 '대한민국 구석구석'
출처 : 한국관광공사

한국관광공사가 운영하는 국내 여행 정보 서비스 '대한민국 구석구석'은 전국 여행기사, 관광지, 음식점, 숙박 등 약 3만여 건의 관광정보 서비스를 제공한다. 우리나라의 아름다운 매력을 더 많이 알리고자 지난 10여 년간 국내여행전문가가 전국 곳곳을 여행하며 기록한 취재기사를 모았다고 하는데 문화/역사관광지, 바다관광지, 레저관광지, 휴양관광지, 온천관광지 등 다양한 관광정보를 확인할 수 있다.

특히, 빅데이터 기반의 AI 추천 서비스를 통해 관광 빅데이터 정보로 분석한 지역별 핫한 여행지와 맛집 정보도 제공받을 수 있다. 이

외에도 계절과 여행테마를 반영한 '여행태그' 기능과 지자체 영역을 통한 지역 별 로컬 여행정보, 여행전 여행코스를 설계하는 사용자 여행코스 기능, 사용자 위치를 기준으로(GPS) 관광지, 음식, 숙박, 축제/행사 등의 여행정보 제공 및 내비게이션/지도/길안내 서비스 등 다양한 서비스를 이용할 수 있다.

- 공공 시설, 공공 물품 등 '공유누리'로 예약하세요!

공공개방자원 공유서비스 '공유누리'
출처 : 공유누리

'공유누리' 애플리케이션은 중앙행정기관과 지방자치단체, 공공기관 등 공공부문에서 국민에게 개방하는 시설, 물품 등 공공개방자원을 국민이 온라인에서 쉽고 편리하게 검색하고 예약하는 공공개방자원 공유서비스이다. 주요기능으로는 공유지도서비스, 공유자원

서비스, 통합검색서비스, 특별한 개인 맞춤서비스, 알림서비스 등이 있다.

공유지도서비스는 내주변에 가장 가깝고, 조건 설정에 맞는 다양한 자원을 공유지도로 찾을 수 있으며, 공유자원서비스는 내가 원하는 자원을 빠르고 쉽게 예약하고, 이용할 수 있다. 또한, 통합검색서비스를 통해 인기, 최근, 연관검색어로 나에게 필요한 정보를 쉽게 찾을 수 있고, 특별한 개인 맞춤서비스로 나만의 고유 공간인 즐겨찾기 메뉴에서 공유누리만의 특별한 서비스를 누릴 수 있다.

- ■ 재난 및 사고·위험, 불법 주정차 신고는 '안전신문고'

안전 위험요인을 신고하고 처리결과를 확인할 수 있는 '안전신문고'
출처 : 안전신문고

행정안전부에서는 일상생활 주변에서 접하는 안전 위험요인을 국민들이 간편하게 신고하고 처리결과를 확인할 수 있도록 '안전신문고' 서비스를 스마트폰 앱과 인터넷 포털사이트로 운영하고 있다. 시설, 교통, 학교, 생활, 해양 등 모든 분야의 안전 위험요인을 대상으로 신고가 가능하며, 신고된 내용은 국민신문고와 연계하여 처리된다.

2019년부터 안전신문고 앱에 '불법 주정차' 신고 기능이 추가되었으며, 불법 주정차 신고는 안전신문고 앱에서 촬영한 사진(스마트폰 갤러리에 저장된 사진 이용 불가)으로만 신고가 가능하다. 안전신문고 앱에서 촬영한 사진은 위변조 방지를 위해 암호화하여 저장되므로 스마트폰 또는 PC를 통해 조회, 추출, 수정이 불가능하다.

4 직장인이 알아두면 유용한 앱 시리즈

바쁜 직장인들에게 꼭 필요한 애플리케이션, 어떻게 있을까? 업무의 효율을 높여주는 앱부터 자기계발을 도와주는 앱, 업계 종사자 간 소통을 통해 정보를 습득할 수 있는 앱까지, 직장인이 알아두면 유용한 다양한 서비스를 알아보자.

■ 월급 관리는 '세이블'로 쉽고 편하게

월급관리 자동화 앱 '세이블(SAVLE)'
출처 : 세이블

월급관리 자동화 앱 '세이블(SAVLE)'은 월급 관리 계획을 수립하고 저축을 자동화하여 계획적으로 돈을 관리할 수 있도록 돕는 서비스이다.

계좌 중심의 돈 관리가 아닌 목표 중심으로 계좌를 관리할 수 있는 환경을 제공하여 보다 직관적으로 돈의 흐름을 관리할 수 있도록 하는데 하나의 목표에 여러 계좌를 연결할 수 있게 함으로써 평균 2개 금융사, 5개의 계좌를 사용해 월급관리를 하는 직장인의 돈 관리 패턴과 니즈를 충족시켰다.

'내 집 마련'이 목표라면 10만 원은 주택청약 계좌에, 남은 금액은 다른 적금 계좌에 저축하도록 설정하고 '세이블(SAVLE)' 앱 내에서 두 계좌를 한 번에 관리할 수 있는 식인데 계획 변경에 따른 저축 목표 변경, 계좌 설정도 자유롭게 이용할 수 있다.

■ **검색, 번역, 맞춤법 기능을 키보드에서 한 번에! '네이버 스마트보드'**

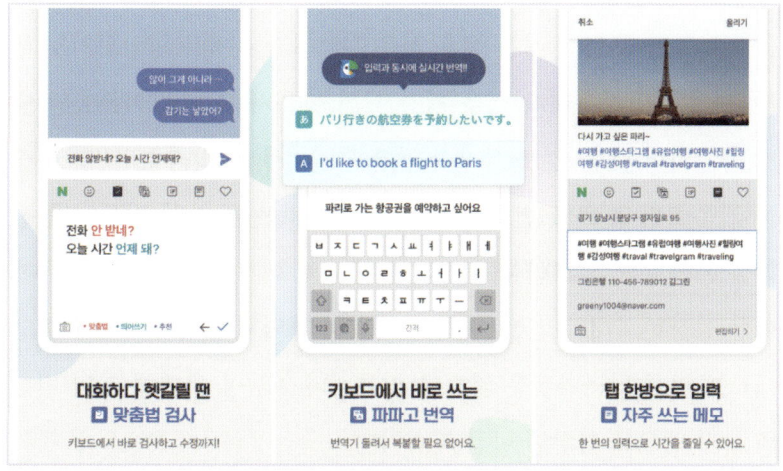

인공지능 기술이 적용된 키보드 앱 '네이버 스마트보드'
출처 : 네이버

네이버의 인공지능(AI) 기술이 적용된 '네이버 스마트보드'는 스마트폰 키보드에 AI 기반의 검색, 뉴스 추천뿐만 아니라 자주 쓰는 문구, 퀵문자, 맞춤법 검사 등의 편의기능을 탑재한 키보드 앱이다.

많이 쓰는 패턴을 기억해 다음 단어를 제안하고, 입력한 글자에 따라 이모지나 교정어도 추천하며, 자주 쓰는 문구를 등록해 편리하게 입력할 수 있고, 반복적으로 쓰는 문자나 이모지를 키에 등록할 수 있다. 한국어와 영어, 일본어 자판이 지원되고, 음성·문자 인식도 가능하다.

또, 대화중에 바로 검색할 수 있는 기능도 제공하여 대화하랴, 검색하랴 이리저리 이동할 필요 없이 네이버 스마트보드로 대화하면서 다양한 정보를 찾아볼 수 있다.

특히, 입력과 동시에 번역을 해주는 기능을 이용하면 외국 호텔 예약이나 외국인과의 채팅에서도 편리한데 한글을 입력하면 영어, 중국어, 일본어로 바로 번역이 가능하고, 번역 시에 음성 인식 기능을 함께 쓰면 더욱 편리하다.

■ 직장인 커뮤니티 '블라인드'

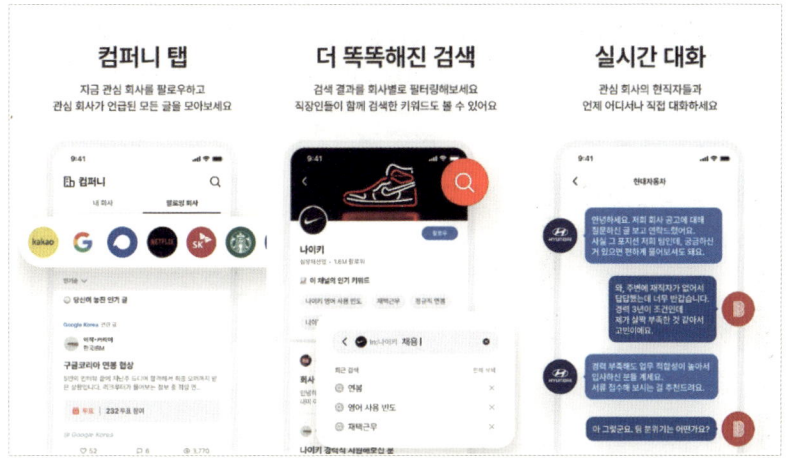

직장인 커뮤니티 플랫폼 '블라인드'
출처 : 블라인드

2013년 출시된 '블라인드'는 전 세계 기업의 지속 가능한 기업 문화를 위한 직장인 플랫폼이다. 블라인드가 다른 커뮤니티와 다른 점은 재직중인 회사 이메일로 직장을 검증해야만 가입할 수 있는 직장인 커뮤니티라는 것이다. 회사명 외에는 익명성이 보장돼 직장생활의 고충이나 채용 정보 등을 공유하는 데 사용되고 있다.

블라인드 앱을 다운로드하고 직장을 입력한 후, 회사 이메일로 인증을 받으면 닉네임으로 자유롭게 활동할 수 있으며, 국내 대기업을 비롯해 100여 개의 회사 게시판이 운영되고 있다.

■ '스픽'으로 영어 회화 공부

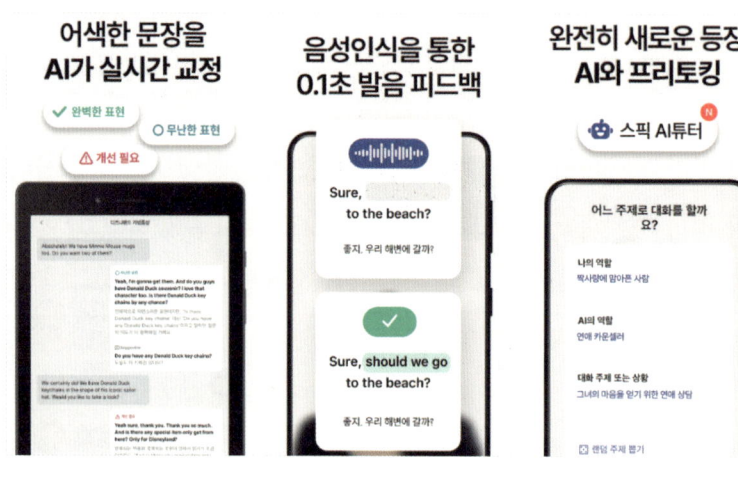

영어 학습 앱 '스픽'
출처: 스픽

'스픽'은 음성인식 기능을 바탕으로 영어회화 공부법을 제시하는 영어 학습 앱이다. 원어민 없이 인공지능(AI)과 프리토킹을 할 수 있는 'AI 튜터' 서비스를 제공하고 있는데 AI 튜터는 실제 원어민 선생님과 1대 1로 수업하는 듯한 환경을 구현한 영어 회화 서비스로, 오픈 AI의 언어 모델 'GPT-4'를 기반으로 하고 있다.

또, 미리 설정한 시나리오를 바탕으로 AI 튜터와 대화를 할 수도 있다. AI 튜터가 사람 수준으로 피드백하는 것은 GPT-4가 들어가면서 가능해졌고, 뉘앙스에 따라 달라지는 표현을 잡아내는 등 대화 모델이 발달하여 직장인이 영어 회화 공부를 하는데 도움을 줄 수 있다.

■ '리멤버'로 명함관리, 업계 소통, 인사이트 충전

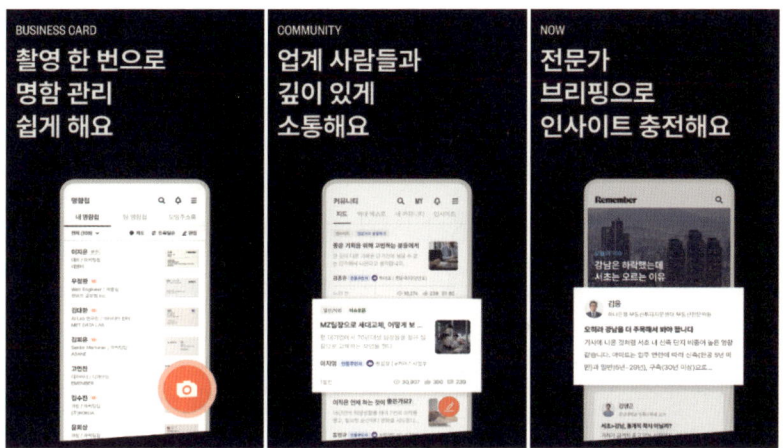

종합 비즈니스 플랫폼 '리멤버'
출처 : 리멤버

종합 비즈니스 플랫폼 '리멤버'는 명함 관리를 비롯해 채용, 커뮤니티 등 직장인 경력 성장을 위한 다양한 서비스를 제공한다. 업무 중 받은 명함을 촬영하면 리멤버가 자동으로 정보를 입력하여 명함 관리를 쉽게 할 수 있으며, 국내 최고 전문가들의 경제 브리핑을 받아보고, 경영, IT, HR, 커머스 등 분야별 트렌드 콘텐츠를 확인할 수 있다.

또, 업계 종사자 간 소통을 통해 정보를 습득하거나 회사 정보 교류를 비롯해 업무상 고민까지 활발한 소통의 장을 제공하고 있다.

5 건강 관리도 똑똑하게! 디지털 헬스케어 앱 추천

전 세계적으로 모든 산업에서 디지털 전환이 가속화되고 있는 가운데, 헬스 분야도 예외 없이 디지털 기술을 통해 진화하고 있다. 여기에 MZ세대에서 즐겁게 건강을 관리하는 '헬시 플레저(Healthy Pleasure)' 트렌드가 나타나면서, 시간과 장소에 구애받지 않고 쉽고 재미있게 건강을 챙길 수 있는 디지털 헬스케어 서비스가 주목받고 있다.

■ 맞춤형 건강 정보와 쇼핑 정보를 제공하는 '캐즐(CAZZLE)'

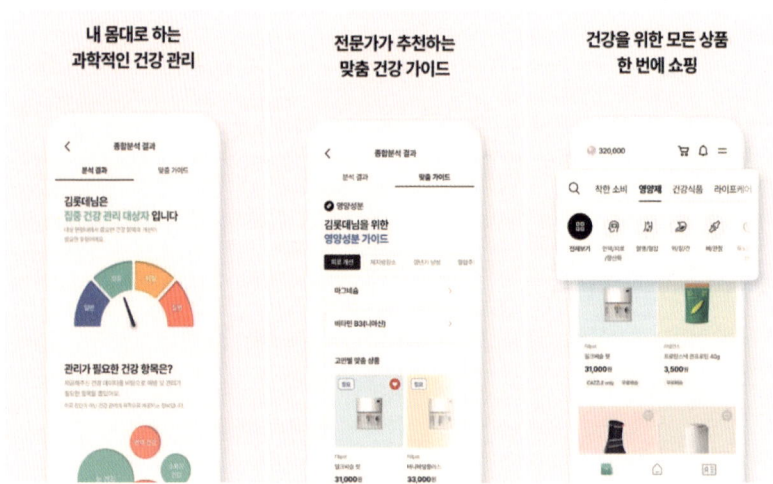

개인 맞춤형 건강관리 플랫폼 '캐즐'
출처 : 롯데헬스케어

캐즐(CAZZLE)은 롯데헬스케어가 만든 개인 맞춤형 건강관리 플랫폼으로, 특정 질병이나 질환이 아닌, '일상에서 늘 함께하는 쉽고 즐거운 건강관리'를 지향하여 플랫폼 이름 캐즐도 '건강관리(Care)를 퍼즐(Puzzle) 맞추기처럼 즐겁게 한다'는 의미를 담고 있다. 별도의 회원 가입 절차 없이 간단한 본인 인증만으로 바로 사용할 수 있도록 접근성을 높였다.

캐즐은 고객이 제공 동의한 건강검진 데이터, 건강 설문 정보, 유전자 검사 결과와 실시간으로 직접 기록할 수 있는 운동, 식단, 섭취 영양제 등을 인공지능(AI) 알고리즘으로 통합 분석해 맞춤형 건강 정보와 쇼핑 편의를 제공한다.

메인화면인 캐즐 홈에서는 걷기, 운동 기록하기, 복약관리 등 매일 체크하는 건강지표와 함께 가족, 친구의 건강 활동을 보여줘 '관리하는 습관'을 형성할 수 있게 지원한다.

대표적으로 사용자 동기부여를 위해 정해진 미션을 성공하면 보상을 받도록 만들었는데, 예를 들어 7,000보 걷기를 1주일에 3회 성공하면 현금처럼 사용할 수 있는 '진주' 포인트를 150알 주는 식이다.

이 밖에 지금 먹고 있는 약이나 영양제를 알고리즘으로 분석해 함께 섭취하면 안되는 성분을 알려주기도 하고, 먹는 시간을 놓치지 않게 알림을 기록할 수 있는 '복약관리' 기능, 내 건강상태에 맞는 의학 정보 콘텐츠를 보여주는 '캐즐 매거진', 사용자들의 걸음 수와 친환경 상품 구매 등이 지구에 어떤 영향을 주는지 알려주는 '그린 리포트' 등의 서비스를 캐즐에서 이용할 수 있다.

- 식단·체중·혈당·혈압관리 필수 앱 '닥터 다이어리'

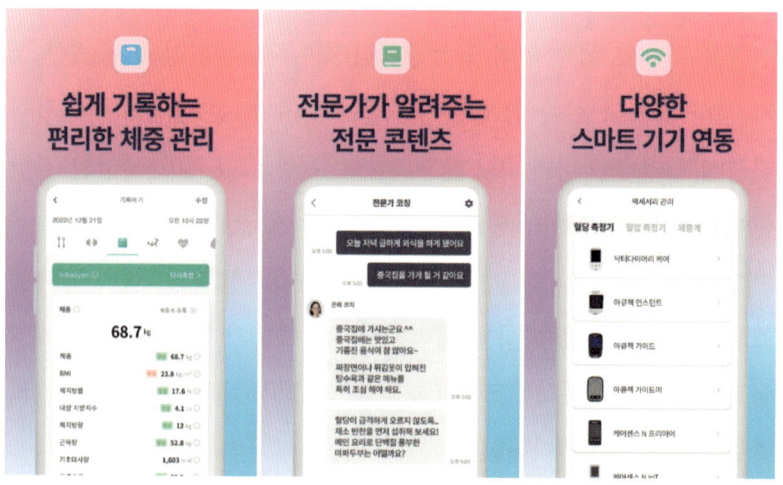

다이어트, 식단, 체중, 운동, 칼로리, 혈당, 혈압 관리를 위한 헬스케어 슈퍼앱 '닥터다이어리'
출처 : 닥터다이어리

닥터다이어리는 다이어트, 식단, 체중, 운동, 칼로리, 혈당, 혈압 관리를 위한 헬스케어 슈퍼앱으로, 일상에서의 건강관리와 다양한 만성질환의 체계적이고 전문적인 관리를 원하는 사용자가 앱 하나로 편리하게 관리할 수 있다.

이를 통해 혈당, 혈압, 식이, 운동, 체중, 약물, 당화혈색소, 케톤 등 통합적인 건강관리가 가능하고, 특히 건강관리 편리성을 높이기 위해 국내외 혈당·혈압측정기 및 체중계 기업들과 협업을 통해 측정된 데이터가 앱과 연동되는 블루투스 서비스를 제공한다.

뿐만 아니라 당뇨·고혈압 환자의 질병 유형·연령·행동 패턴 등을 분석해 맞춤형 관리 서비스를 제공하는데 사용자가 입력한 라이프로그 데이터를 바탕으로 주간 및 월간 건강 보고서를 발급해 의료진 혹은 다른 회원들과의 소통도 가능하다.

■ 자동으로 칼로리 계산, 영양제 섭취알람 등이 가능한 '또박케어'

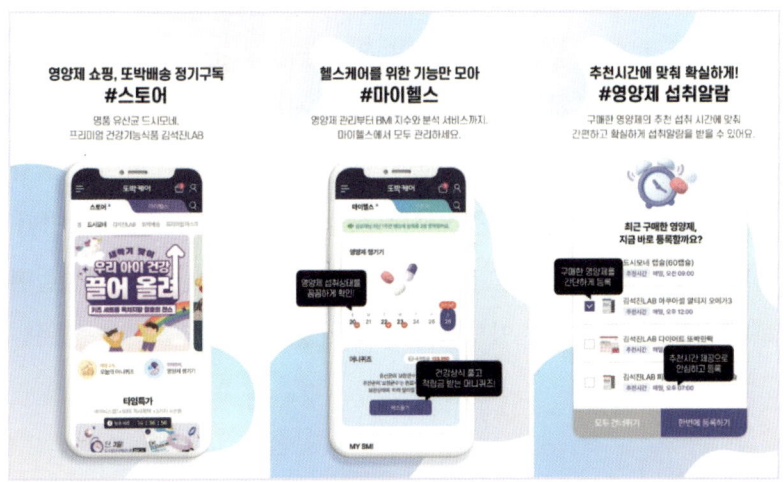

토탈 헬스케어 플랫폼 '또박케어'
출처 : 또박케어

또박케어는 AI 알고리즘 분석으로 나의 현재 건강 상태를 확인하고 일상 속 작은 건강습관들을 기록 및 개선해 나가며 궁극적으로 건강한 삶을 지향하는 토탈 헬스케어 플랫폼이다.

걸음 수, 식단 등 기초부터 관리하는 헬스케어 서비스를 제공하는데 하루 걸음 수를 바탕으로 주간·월간 평균 걸음수와 이동거리 통계, 목표 걸음 달성 현황 등을 보여주며, AI 음식인식 카메라를 통해 식단을 촬영하면 자동으로 칼로리 계산도 도와준다. 건강을 위해 꾸준한 영양제 섭취를 도와주는 알람 설정 및 섭취량 기록도 가능하다.

또한, AI 알고리즘 분석으로 나의 장 건강과 영양상태를 확인하고 필요한 영양성분을 추천 받는 등 건강 맞춤 큐레이션을 제공한다. 간단한 건강 관련 설문을 완료하면 나의 BMI(신체질량지수), 장 위험 지수, 영양 지수를 통합적으로 분석해 직관적으로 확인할 수 있도록 점수와 그래프로 보여주고, 지표를 바탕으로 현 상황에서 고쳐야 할 생활습관을 제안하고 AI 맞춤형 제품을 추천한다.

■ 만성질환·체중비만 관리…기업용 디지털 헬스케어 '애니핏 프로(PRO)'

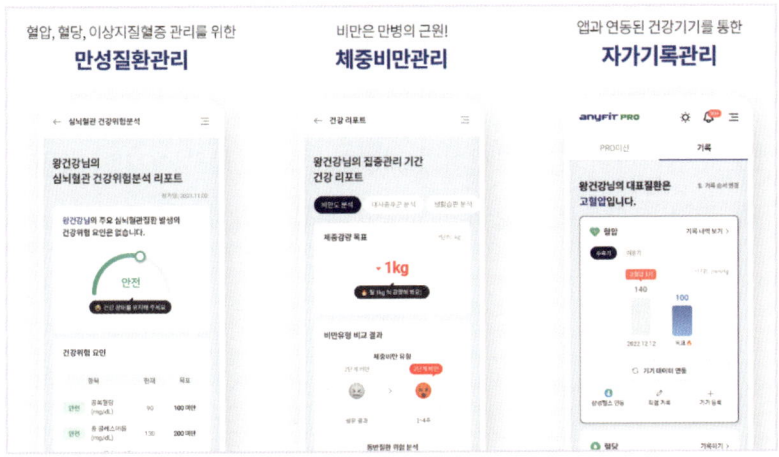

비대면 디지털 건강관리 플랫폼 '애니핏 프로(PRO)'
출처 : 삼성화재

삼성화재가 제공하는 기업체 임직원 전용의 비대면 디지털 건강관리 플랫폼 '애니핏 프로(PRO)'는 보건복지부의 비의료 건강관리 서비스 가이드라인을 준수하여 강북삼성병원의 자문과 협력을 통해 개발된 앱으로, '만성질환관리'와 '체중비만관리', '마음건강관리' 등의 프로그램을 제공한다.

'만성질환관리' 프로그램은 혈압, 혈당, 이상지질혈증, 지방간 관리가 필요한 사람들을 대상으로, 기초 건강 데이터 및 생활습관 설문을 통해 심뇌혈관 건강위험 분석 결과를 제공하고 앱과 연동된 건강

측정기기를 통해 개인의 만성질환 관리를 지원한다.

'체중비만관리' 프로그램은 체중 및 체질량지수(BMI) 관리가 필요한 사람에게 유용하다. 건강설문 결과를 분석해 비만도, 활동 및 영양 평가, 생활습관 평가 결과를 제공하고 앱과 연동된 체지방계를 통해 체중을 관리하며, 삼성리서치가 개발한 첨단 인공지능(AI)이 개인의 운동 및 식습관을 분석해 개인 맞춤형 운동과 식사를 추천한다.

6 자기계발 도와주는 유용한 앱 추천

독서, 운동 등 자기계발에 대한 관심도 꾸준히 증가하고 있다. 실제로 MZ세대 직장인 사이에서는 점심시간에 가볍게 식사를 해결한 뒤 남는 시간을 자기계발에 투자하는 '스내킹(Snacking)' 문화가 확산하면서 이러한 수요에 대응하는 다양한 애플리케이션도 함께 주목받고 있다.

■ 독서기록부터 독서모임까지 '에필(EPIL)'

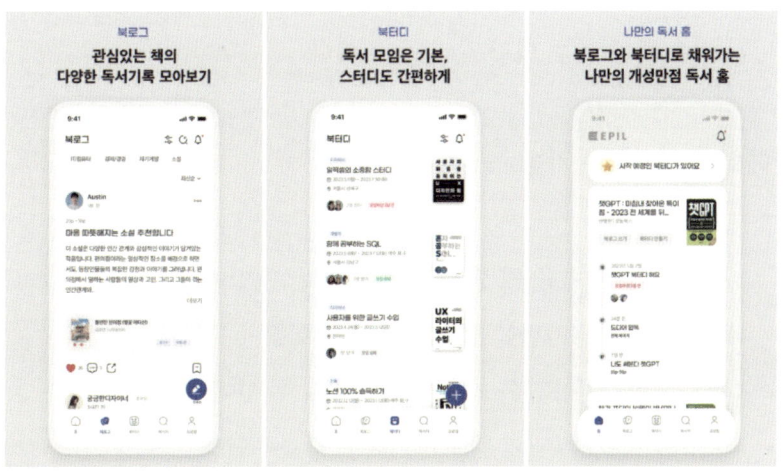

책 기반의 소셜 러닝 플랫폼 '에필(EPIL)'
출처:에필

책 기반의 소셜 러닝 플랫폼 '에필(EPIL)'은 독서기록부터 독서모임까지, 책과 관련한 서비스를 제공한다. '북로그' 기능과 '북터디' 기능을 이용할 수 있다.

'북로그' 기능은 책을 읽고 남기는 기록으로, 책을 읽고 얻은 지식과 인사이트를 북로그에 기록할 수 있는데, 내 기록을 다른 사람들에게 공유할 수 있고, 다른 사람의 북로그 중 인상깊은 게 있다면 스크랩 할 수도 있다.

또, 북터디 기능을 이용하여 내게 맞는 독서모임과 스터디를 지역별로 찾을 수 있으며, 온라인에서만 만나는 모임도 찾을 수 있어 관심 있는 책을 함께 읽고 의견을 나눌 수 있다.

'에필'이 제공하는 기능

1. 북로그
- 나만의 독서기록을 책 별로 예쁘게 남길 수 있어요.
- 내 기록을 다른 사람들에게 뽐낼 수 있어요.
- 다른 사람의 인상깊은 기록을 스크랩할 수 있어요.
- 관심가는 유저를 팔로우하고 기록을 팔로우업해보세요.
- "이 책을 다른 사람들은 어떻게 읽었을까?", 손쉽게 확인해보세요.

2. 북터디
- 내게 맞는 독서모임/스터디를 지역별로 찾아보세요.
- 온라인에서만 만나는 모임도 찾을 수 있어요.

- 직무별로도 필터링해보세요.
- "이 책 같이 읽을 사람!", 빠르게 구해보세요.

3. 홈/내 서재
- 내가 남긴 기록, 참여했던 모임들을 한눈에 살펴보세요.
- 지금의 나를 만든 책들, 내 서재에 소중하게 보관하세요.

■ '홈 트레이닝' 앱으로 운동 해볼까?

'홈 트레이닝' 앱은 아무런 운동 기구 없이도 효과적으로 운동을 할 수 있는 방법을 알려주는 운동 앱이다. 운동하고 싶은 부위와 운동 난이도를 선택하고, 홈 트레이너의 지시대로 동작을 따라할 수 있다.

운동 방법을 알려주는 '홈 트레이닝' 앱
출처: 홈트레이닝

모든 주요 근육 그룹을 위한 일일 운동 플랜을 제공하고, 복근, 가슴, 다리, 팔, 그리고 신체 전체를 위한 운동을 선보인다. 모든 운동은 전문가들이 디자인했으며, 기구가 필요한 운동은 전혀 없기 때문에 헬스장에 가지 않아도 집에서 효과적으로 근육을 키우고 선명한 복근을 만들 수 있도록 도와준다.

'홈 트레이닝'이 제공하는 기능
- 준비운동 및 스트레칭 루틴
- 운동 진행 상황 자동 저장
- 차트로 체중 변화 추적
- 운동 시간 알림 사용자 정의
- 자세한 동영상 및 애니메이션 가이드
- 개인 트레이너로 체중 감량
- SNS에서 친구들과 공유

7 설날·추석 명절 유용하게 사용할 앱 추천

이번에는 즐거운 설날, 추석을 위한 명절 관련 앱 정보를 알아보자. 명절 연휴를 스마트하게 보낼 수 있도록 도와주는 유용한 앱에는 무엇이 있을까?

■ 귀성·귀경길 혼잡 피하려면 '고속도로 교통정보'

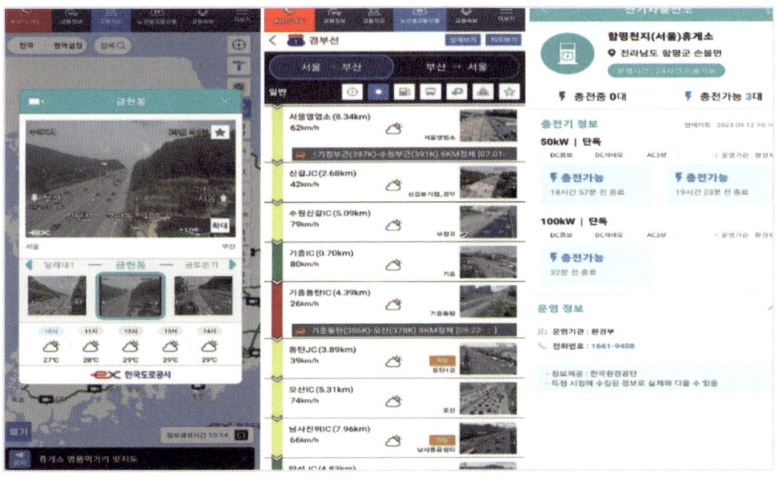

교통정보를 알려주는 앱 '고속도로 교통정보'
출처: 한국도로공사

명절 연휴에는 많은 이들이 귀성·귀경에 나서면서 차량 통행이 혼잡한 경우가 많다. 한국도로공사가 제작한 '고속도로 교통정보' 앱은 교통지도에서 전국 고속도로의 소통상황과 CCTV영상, 사고정보, 휴게소·충전소·졸음쉼터 등의 교통정보를 통합 제공하여 원활하게 고속도로를 이용하는 데 도움을 준다.

또한, 고속도로 사고나 정체, 작업 등의 교통속보와 해당 구간의 CCTV영상, 교통방송도 확인할 수 있으며, 차단정보 등 고속도로 이용에 필요한 소식을 공지사항에 안내하고 있다.

아울러 주행 중 전방 교통사고나 정체 등 교통속보 알림 메시지가 자동 전송돼 돌발 상황에 대비할 수 있는 장점도 있으며, 앱에서 경로를 검색하면 목적지까지 가는 길의 주유소와 휴게소 등 편의시설, 소요시간 등의 각종 정보를 얻을 수 있고 카카오 네비게이션 연계로 길 안내도 가능하다.

출발 날짜와 시간대를 지정하면 예상 소요시간과 함께 최적 출발 시간대를 알려주는 기능도 있으며, 교통 빅데이터를 활용해 최대 1주일 후까지 전국 고속도로의 예상 정체상황을 제공하는 등 교통예보 서비스도 이용할 수 있다.

■ 오랜만에 만난 친척 호칭 헷갈릴땐 '해피트리'

명절에 오랜만에 만난 친척들과의 관계/호칭 문제는 '해피트리' 앱으로 도움을 받을 수 있다. '해피트리'는 가계도를 작성하고 인맥에게 공유 가능한 차별화된 가계도 서비스인데 나를 기준으로 친가와

가계도 서비스 '해피트리'
출처 : 해피트리

외가, 처가, 처외가의 가계도를 편집할 수 있고, 가족을 추가할 때 마다 촌수·호칭이 자동으로 생성된다.

각자가 작성한 가계도를 서로 공유한 후, 연결하면 전체 가계도가 자동으로 완성되며, 내가 작성한 가계도를 자식에게 공유해 주면 자식에게 최적화된 가계도가 자동으로 완성되어 오랜만에 만난 먼 친척과 몇 촌 관계인지, 서로 어떻게 불러야 할지 등의 호칭 정리에 편리하다.

■ 제사상 차리는 법·지방 쓰는 법 모를 땐 '제사의 달인'

제사상, 차례상 차리는 방법을 지역별, 현대식으로 소개하는 '제사의 달인'
출처: 제사의 달인

'홍동백서'(붉은 과일은 동쪽에 흰 과일은 서쪽에), '조율이시'(대추·밤·배·감) 등 제사/차례 용어는 어렵기만 하고, 명절에 갑자기 제사상, 차례상을 준비하려면 막막하기만 하다.

'제사의 달인' 앱은 제사상, 차례상 차리는 방법을 지역별, 현대식으로 소개하여 상차림에 도움을 받을 수 있다. 제사상, 차례상 상차림의 일반적인 방법에서부터 현대식 간소한 방법, 지역별 방법을 알아보기 쉬운 그림으로 표현하여 한눈에 확인할 수 있다. 더불어 '지방 쓰는 법'과 '음력달력'을 지원하여 제사와 관련된 모든 것을 관리할 수 있다.

■ '응급의료정보제공(E-GEN)'앱으로 명절 연휴 문 여는 병원·약국 확인

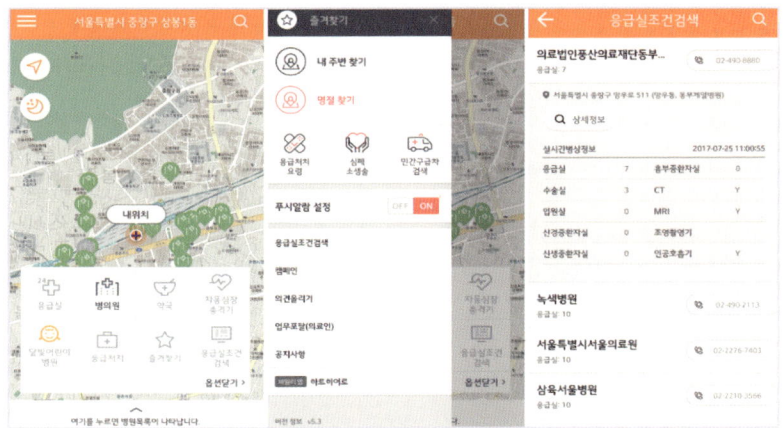

응급실, 병의원, 약국 등의 정보를 확인할 수 있는 '응급의료정보제공(E-GEN)'
출처 : 보건복지부

보건복지부가 제공하는 '응급의료정보제공(E-GEN)'은 명절 기간에 운영하는 병의원 및 약국을 조회할 수 있다.

지도 정보에 기반해 진료가 가능한 병원과 약국의 정보를 실시간으로 제공하며, 특히 응급실 병상정보와 자동심장충격기(AED)의 위치 정보 등도 안내되어 있다.

야간이나 주말에 진료 가능한 병원과 약국도 빠르게 찾을 수 있어 연휴 기간 위기상황에 대비할 수 있다.